성찰

Sleeping with Bread
Holding what gives you life

Dennis Linn, Sheila Fabricant Linn & Matthew Linn, S.J.

IMPRIMI POTEST:
Bert Thelen, S.J.
Provincial, Wisconsin Province of the Society of Jesus
September 29, 1994
Copyright ⓒ 1995 by Dennis Linn, Sheila Fabricant Linn and
The Wisconsin Province of the Society of Jesus
Korean translation copyright ⓒ 2016 by ST PAULS, Seoul, Korea

성찰
―내 삶의 양식

초판 발행일 2016. 1. 25
1판 4쇄 2019. 11. 12

글쓴이 데니스 린·쉴라 린·마태오 린, S.J.
옮긴이 김인호·장미희
펴낸이 서영주
총편집 한기철
편집 손옥희, 김정희 **디자인** 김서영
제작 김안순 **마케팅** 이창항 **인쇄** 영신사

펴낸곳 성바오로
출판등록 7-93호 1992.10. 6
주소 서울특별시 강북구 오현로7길 20(미아동)
취급처 성바오로보급소 **전화** 944-8300, 986-1361
팩스 986-1365 **통신판매** 945-2972
E-mail bookclub@paolo.net
인터넷 서점 www.**paolo**.kr
www.facebook.com/**stpaulskr**

값 9,000원
ISBN 978-89-8015-872-0
교회인가 서울대교구 2016. 1. 11 **SSP** 1023

이 도서의 국립중앙도서관 출판예정도서목록(CIP)은 서지정보유통지원시스템 홈페이지(http://seoji.nl.go.kr)와 국가자료공동목록시스템(http://www.nl.go.kr/kolisnet)에서 이용하실 수 있습니다. (CIP제어번호 : CIP2016001585)

이 책은 저작권법의 보호를 받으므로 무단전재와 무단복제를 금합니다.
이 책 내용의 전부 또는 일부를 재사용하려면 반드시 저작권자와 성바오로출판사의 동의를 얻어야 합니다.

Sleeping
with Bread

성찰

내 삶의 양식

데니스 린·쉴라 린·마태오 린, S.J. 글

김인호·장미희 옮김

성찰은 나의 자녀들에게
자기 자신을 신뢰하는 법을 가르쳤습니다.

차례

생명의 양식을 얻은 아이들 · 9
서문 · 10

1부

성찰 · 15

성찰은 왜 필요할까? · 21
성찰, 삶의 안내자 · 31
사람들이 무엇을 해야 할지 말해 주기를 원할 때 · 33
매일의 경험이 하느님의 계시이다 · 35
봉인된 명령을 찾아서 · 38
다른 사람과 함께 성찰하기 · 42
가족이 함께하는 성찰 · 45
함께 나눌 사람이 없다면? · 51
성찰 과정 · 53

2부

900자루의 초 · 61

성찰을 위한 다양한 시간과 장소 · 64
첫 번째 성찰 질문만 하기 · 67
지난해에 대한 성찰 · 71
미래를 치유하기 · 75
생의 마지막 성찰 · 79
우리의 빵을 나누어 주기 · 83

3부

질의응답 · 87

이 책에 대한 성찰 · 134

생명의 양식을 얻은 아이들

...

　2차 세계 대전 당시 계속되는 공습 폭격 속에서 고아가 된 수천 명의 아이들이 굶주려 죽을 위험에 처하였다. 그들 중 운이 좋은 아이들은 난민촌에 수용되어 그곳에서 먹을 음식과 필요한 돌봄을 받았다. 그런데 이 아이들의 대부분이 너무나 많은 것을 잃어버린 경험 때문에 밤에 잠을 이루지 못하였다. 아이들은 아침에 일어났을 때 또다시 먹을 것도 없고 집도 없는 떠돌이가 되어 있을까 봐 두려웠던 것이다. 어떤 것으로도 아이들을 안심시키지 못하고 있던 중에 어떤 사람이 한 가지 방법을 찾아냈는데, 그것은 아이들이 잠자리에 들 때 내일 먹을 빵을 미리 하나씩 주는 것이었다. 빵을 품에 안은 아이들은 그제야 편안하게 잠이 들었다. 그 빵은 아이들에게 자는 내내 '오늘 나는 먹을 수 있었고, 내일도 먹을 수 있다.'는 사실을 일깨워 주었다.

서문

...

우리가 쓴 책 중에 가장 단순한 내용을 담고 있는 이 책은 우리 자신에게 던지는 두 가지 질문에 관한 것이다. 두 가지 질문이란, '내가 가장 감사하게 생각하는 것은 무엇인가?'와 '내가 가장 적게 감사하는 것은 무엇인가?'이다. 이 질문들은 우리에게 위안consolation과 메마름desolation의 순간들을 깨달을 수 있도록 도와준다. 여러 세기 동안 신심 깊은 사람들은 이 두 종류의 순간들을 인식함으로써 그들의 일상과 삶이 어디로 향하고 있는지 그 방향을 발견해 왔다.

나 데니스는 25년 전에 처음으로 이 두 가지 질문이 가진 힘을 발견하였다. 당시 나는 로즈버드의 수Sioux 족 인디언 보호 구역에서 가르치고 있었다. 그때 나는 막 공영 주택 단지로 이주하였고, 거기에서 새로운 것을 시도하려 하고 있었다. 새로운 것이란 식사에 손님을 초대하는 것이었다. 나는 여덟 명의 학생을 저녁 식사에 초대했고, 그 보호 구역에서 가장 평범한 음식이 수프라서 오전 내내 수프용 뼈를 물에 넣고 끓였다. 그리고는 거기에 쌀 한 컵을 넣었다. 그런데 그 쌀이 수프 속에 들어가는 순간 그냥 사라져 버리는 것 같아서 다시 넣기를 반복하면서 쌀 한 상자를 다 비웠는데도 같은 현상이 반복되었다. 쌀은 익으면서 차츰 부풀어 오른다는 것을 몰랐던 나는 이웃집 네 군데를 방문하여 두 상자 정도의 쌀을 더 가져왔다. 수 인디언이 매우 관대하다는 사실이 그때 나에게는 불행한 일이었는데 그들은 어떤 질문도 하지 않고 나에게 쌀을 내주었다. 냄비에 세 상자 분량의 쌀을 넣고서도 나는 여덟 명의 배고픈 학생들이 충분히 먹지 못할까 봐 먼저 빵을 많이 먹일 생각을 하고 있었다. 그러는 한편 식사에 그렇게 많은 인원을 초대한 것이 과연 현명한 일이었는지 자문하면서 수프가 끓도록 난로에 올려 둔 채 학교에 가서 수업을 했다.

 수업을 마치고 학생들과 집에 도착했을 때 우리를 마중 나온 것은 현관까지 넘쳐나는 밥이었다. 집 안은 마치 눈이 1미터 정도 쌓인 것처럼 보였다. 학생 몇 명은 나를 도와서 밥을 삽으로 퍼내는 작업을 했고 나머지는 함께 식사하기 위하여 그들의 가족과 친구들을 부르러 갔다. 그날 밤 나는 여덟 명의 수 족 학생이 아니라 그 보호 구역 대부분의 거주자와 충분한 식사를 할 수 있었으며, 개들조차 배불리 먹었다. 이 식사는 그들에게 지워지지 않는 인상을 남겨, 지난해에 우리가 그곳으로 피정 동반을 하러 갔을 때 내가 가장 많이 들었던 질문은 "데니스, 라이스 수프 더 없어요?"라는 질문이었다.

내가 그 라이스 수프를 기억하는 이유는 두 가지이다. 하나는 그것이 나에게 요리를 시작하게 만든 음식이었기 때문이고, 또 하나는 그것이 지금도 내 삶의 근본이 되는 영성적인 어떤 습관의 시작이 되었기 때문이다.

그날 저녁 식사 후 학생들뿐 아니라 그들의 부모와 어린 형제자매, 그리고 교사들도 남아서 함께 시간을 보냈다. 나는 그들이 함께한다는 것 자체에 큰 감동을 받아서 기도 시간에 하려고 미리 준비해 둔 양식을 잊어버리고 말았다. 대신에 나는 내가 느낀 것을 그대로 나누었다. 나는 집중하기 위하여 촛불을 켜고 말했다.

"집에 도착했을 때 나는 문까지 넘쳐나고 있던 밥에 대해 감사하는 마음이 들지 않았습니다. 그러나 다양한 연령대의 많은 사람들이 이 방 안에서 함께 만나 밥으로 파티를 하고 기도를 하게 된 것에 대하여 깊이 감사드리는 마음입니다." 다른 사람들도 나눔을 시작하기 전에 먼저 촛불을 밝히고 그날 하루를 지내면서 가장 적게 감사한 순간들과 가장 많이 감사한 순간들에 대해 나누기 시작하였다. 하느님의 뜻은 보통 우리가 가장 크게 감사하는 것들 또는 우리에게 생명을 가장 많이 불어넣어 주는 것들을 우리가 더 많이 실천하는 것이다.

그날 저녁은 우리 모두를 매우 생동감 있게 만들어 주었기 때문에 나는 그 보호 구역에서 지내는 동안 항상 금요일마다 저녁 식사를 준비하고, 수 족 학생들을 초대하여 식사를 한 후, 촛불을 켠 다음 그 두 가지 질문에 대하여 나누었다.

오늘날 우리 셋은 거의 항상 그 두 가지 질문에 대하여 나누는 것으로 하루를 마감한다. 40여 개 나라에서 피정을 동반하면서 알게 된 사실은, 이 질문들이 문화나 나이와 상관없이 사람들이 자신들의 삶의 방향을 찾는 데 가장 도움이 되는 방법이라는 것이다. 25년이 지났지만 라이스 수프의 영향력은 계속되고 있어 한 그룹의 신심 깊은 친구들이 주일 저녁마다 우리 집에 와서 식사를 한다. 우리는 한 사람씩 촛불을 켜고 그 두 가지 질문에 대한 답을 나눈다. 내가 로즈버드의 보호 구역을 떠난 후에도 식사까지 포함한 모임은 계속되었으며, 요일은 바뀌었지만 그 두 가지 질문은 변함이 없었다. 그 질문들을 통하여 우리가 많은 도움을 받았던 것처럼 지금 이 책을 읽는 이들도 그 질문들에서 많은 생명력을 얻을 수 있기를 바라는 마음이다.

1부

성찰

여러 해 동안 우리는 같은 방법으로 하루를 끝마쳤다. 촛불을 켜고, 하느님의 사랑에 찬 현존을 인식하고, 각자 자신에게 두 가지 질문을 하는 동안 약 5분 동안 조용한 시간을 갖는다.

하루 중 어느 순간에 대하여 가장 많이 감사하는가?
하루 중 어느 순간에 대하여 가장 적게 감사하는가?

같은 질문을 많은 다른 방법으로 할 수 있다.

오늘 중 언제 가장 많이 사랑을 주고받았는가?
오늘 중 언제 가장 적게 사랑을 주고받았는가?

오늘 나는 언제 가장 살아있다고 느꼈는가?
오늘 나에게서 생동감이 빠져나간다고 가장 크게 느낀 때는 언제인가?

오늘 중 나 자신이나 다른 사람들, 하느님, 우주에 가장 큰 소속감을 느낀 때는 언제인가?

오늘 중 그런 소속감을 가장 적게 느낀 때는 언제인가?

오늘 중 언제 가장 행복했는가?
오늘 중 언제 가장 슬펐는가?

오늘 중 최고의 순간은 언제인가?
오늘 중 최악의 순간은 언제인가?

그런 다음 우리는 이 두 가지 순간에 대하여 서로 나눈다. 나눔의 전체 과정은 보통 20분 정도 걸리지만 몹시 피곤할 때에는 10분 이내로 마칠 수도 있다. 우리는 이 과정을 성찰이라고 부른다.

다음은 며칠 전 밤에 우리가 이 나눔을 하던 중에 일어난 일이다. 우리 모두에게 공통된 메마름의 순간은 마태오와 데니스의 아버지, 곧 쉴라의 시아버지의 건강에 관련된 것이었다. 우리는 마태오와 데니스의 부모님을 모시고 플로리다에 있는 사촌의 집에 가서 성탄 휴가를 보낼 계획을 해 놓고 있었다. 그러나 아버지의 다리에 너무 심한 통증이 있어서 휴가를 취소해야 했다. 그날 아버지는 당신이 50년 동안 살아온 집을 팔 생각이라고 말씀하셨다. 그리고는 그만 죽을 수 있게 기도해 달라고 부탁하셨다. 그날 저녁에 우리가 느낀 메마름은 휴가를 하지 못하게 된 것과도 관계가 있지만 특별히 우리 아버지를 잃어버릴 수도 있고 우리 집이 없어질 수도 있다는 것을 상상하는 데서 왔다.

우리 세 사람은 또한 위안에 대해서도 같은 것을 언급하였다. 그것은 그날 오전에 우리가 나눈 성찰에 대한 대화였다. 그 대화는 어떤 가족의 전화 한 통과 또 다른 가족이 보낸 편지에서 시작되었는데 그들은 성찰이 자신들의 삶에 얼마나 많은 도움이 되고 있는지 들려주었다. 그 대화를 통하여 우리는 성찰이 얼마나 자주 우리에게 생명을 주고 있었는지 깨달았다. 아버지의 건강으로 인해 우리가 메마름을 느끼는 순간조차, 성찰을 통하여 서로서로 이러한 감정을 나누는 과정은 우리에게 그 상황에 대처할 힘을 가져다주었다. 성찰이 이렇게 많은 생명력을 가져다주는 것을 보고 우리는 다음 주에 플로리다에 가지 않고 집에 머물게 된 기회를 이용하여 이 책의 집필을 시작하기로 했다. 우리가 쓴 모든 책을 통하여 깨달은 것은 책의 내용이 무엇이든지 다른 사람들과 나눌 때 그 내용은 더 큰 생명력을 우리에게 주었다는 것이다. 그래서 우리가 성찰에 대하여 나눈다면 성찰은 우리에게 지금보다 훨씬 더 큰 생명력을 가지게 될 것이라고 이해하였다.

성찰은
왜 필요할까? *1

나 마태오가 성찰이 필요한 이유는 비관적인 관점 때문이다. 나는 지금보다 기분이 더 좋아질 때 기분이 그만큼 더 나빠질 것이 두려워서 지금 기분이 좋은데 오히려 기분이 나빠지는 사람들 중 하나이다. 아프리카에 있을 때 나는 나보다 더 비관적인 사람을 만난 적이 있다. 내가 그에게 낙관적인 사람들이 더 오래 살기 때문에 우리의 비관적 관점을 바꾸어야 한다고 말하자 그는 "그들에게 딱 맞는 벌이로군!"이라고 대답했다. 나는 또한 완벽주의자이다. 워크숍 중에 열 사람이 나를 칭찬하고 한 사람만 나에게 개선해야 할 점을 이야기했어도 나는 열 사람의 칭찬은 잊어버리고 개선해야 할 점에 대해서만 기억한다. 나는 잘못뿐 아니라 특히 잘한 것도 알아차리기 위하여 성찰의 도움이 필요하다.

매일 밤 나는 먼저 그날 감사할 것들을 기억하고 감사를 드린다. 다음에 그다지 감사하지 않는 것이 무엇인지 묻는다. 내가 감사하지 않는 것을 발견하면 그것에 이름을 붙이고 그것에 대한 느낌에 머문다. 그리고 그것을 거부하지 않으면서 그것 안에서 나와 함께 계시는 하느님께 감사를 드린다. 치유는 나의 모든 감정을 기꺼이 받아들이고 그 모든 감정과 함께 내가 사랑받도록 스스로 허용하는 만큼 일어난다. 이런 방법으로 나는 있는 그대로 고통을 인정하고 사랑을 받아들인다. 이렇게 한 뒤에는 거의 언제나 감사하는 마음으로 잠들 수 있다.

무엇인가에 대하여 생각하면서 잠이 들 때 그것은 나의 무의식으로 들어온다. 예를 들면, 내가 무엇인가를 잃어버렸거나 어떤 문제가 있는데 그에 대한 답을 알지 못한 채로 잠이 들었을 때 나는 다음 날 아침잠에서 깨면서 그에 대한 해결책을 얻는 경우가 종종 있다. 왜일까? 그것은 잠자리에 들 때 생각하고 있던 것이 무의식 속에서 밤새도록 진행되기 때문이다. 내가 감사하는 마음으로 잠자리에 들고 '감사합니다.'라는 말을 하면서 잠에서 깨어나기를 바라면 '감사로움'이 나의 무의식을 푹 적셔서 더욱 감사하는 마음으로 잠에서 깰 것이다. 분한 마음으로 잠이 들면, 나의 무의식은 분한 마음으로 더욱 가득 차서 다음 날 아침잠에서 깰 때 반격할 준비가 되어 있을 것이다. 이러한 것을 알게 되면서 나의 꿈에도 변화가 왔다. 나는 이제 더 이상 절벽에서 거꾸로 떨어져서 마비가 되거나 죽지 않고 대신에 더 큰 생명력을 가지고 다시 일어선다. 감사하는 마음으로 잠을 오래 자면 잘수록 나의 무의식을 더 많이 치유할 수 있다. 그래서 지금은 자명종이 울리면 "무의식을 치유하기 위하여 1시간 더 잘 필요가 있다고 생각해."라고 중얼거리면서 죄책감 없이 다시 잠이 들 수 있다.

성찰이 나 데니스에게 중요한 이유는 하루 종일 내가 그다지 감사하지 않는 순간들을 통하여 하느님께서 어떻게 말씀하시는지 그 방법을 인식하는 데 도움이 되기 때문이다. 나는 마태오와는 반대로 낙천주의자이다. 나는 더 이상 좋을 수 없는 최상의 세상에 살고 있다고 생각하고 마태오는 이런 내 생각이 맞을까 봐 두려워한다. 마태오에게는 잘된 것을 떠올리며 감사하기 위해 성찰이 필요하다. 그러나 '절대 평화주의'라는 이름의 나의 중독은 나를 항상 감사하고 행복하게 하며 절대로 풍파를 일으키지 않게 한다. 그래서 나는 슬픔과 고통의 감정을 인지하고 그것을 통하여 하느님께서 어떻게 말씀하시는지 듣기 위해 성찰이 필요하다.

예를 들면, 어느 날 내가 편지 한 통을 썼는데 잘 썼다는 생각에 안도감을 느꼈다. 그런데 그것을 다시 읽어 보면서 슬픔과 기운이 빠지는 느낌을 알아차렸다. 그날 저녁 성찰을 할 때 내가 가장 적게 감사하는 것이 바로 이 편지가 될 것임을 깨달았다. 성찰을 시작하기 몇 년 전이었다면 나는 그 편지를 다시 읽었어도 위와 같은 느낌을 알아차리지 못하고 그대로 보냈을 것이다. 비록 성찰이 저녁때만 하는 반성의 시간으로 시작되었지만 이제는 하나의 습관이 되어서 하루 종일 성찰과 비슷한 방식으로 나 자신을 돌아보게 된다. 처음에는 내가 느끼는 슬픔이 무엇 때문인지 잘 몰랐지만 적어도 그 편지를 부치지 않아야 한다는 정도는 알았다. 이틀 후 편지를 어떻게 다시 써야 하는지 깨달았을 때 슬픔은 즉시 사라졌다. 편지를 다시 쓰면서 하느님께서 그 슬픔을 통하여 나에게 무슨 말씀을 하시려는지 깨달았다. 그것은 "용기를 내어서 풍파를 일으키고 자신을 지켜라."는 것이었다. 처음에 쓴 편지를 부쳤더라면 내가 가장 덜 감사하는 순간의 느낌이었던 슬픔에 귀 기울이지 못했을 것이고, 따라서 나의 중독에서 헤어 나오지 못하고 하느님께서 나에게 하시는 말씀도 놓쳤을 것이다. 나의 내면 깊은 곳에서는 반대 방향을 택하여 용기를 내어 평지풍파를 일으키고 싶었기 때문에 '절대 평화주의'는 결국 나를 완전히 기진맥진하게 만들었을 것이다. 에너지의 소진은 근본적으로 일을 너무 많이 해서 생기는 것이 아니라 진정으로 원하지는 않는 일을 하고 있기 때문에 생긴다. 곧 한쪽 발은 내딛고 있는데 다른 한쪽 발은 도망가려고 하기 때문이다.

나 쉴라에게는 성찰이 내 생각에 이래야만 하는 나로서가 아니라, 있는 그대로의 나로서 살도록 도와주기 때문에 필요하다. 어렸을 때 나는 나 자신을 믿어도 좋다고 충분히 격려를 받지 못했다. 다른 사람들이 나에게 기대한다고 여겨지는 것에 부응하느라고 애쓰되, 내가 필요로 하는 것과 원하는 것이 있으면 부끄러워하고 부인하도록 배웠다. 나는 성찰을 통하여 나에게 위안과 메마름을 가져오는 것들의 패턴을 주의 깊게 관찰하면서 나의 필요와 욕구를 신뢰하는 법을 배웠다.

예를 들면, 몇 년 전 내가 학생일 때 알렉스라는 선생님이 계셨다. 선생님은 나의 부모님과 연배가 거의 같았고 나에게는 아버지 같은 분이었다. 당시 나는 여전히 두려움이 많고 위축되어 있었는데 선생님은 내가 세상에서 가장 믿을 수 있는 분이었다. 그런데 그 관계가 갑자기, 그것도 내가 결코 이해할 수 없는 이유로 끝이 나고 말았다. 그것은 내 삶에서 가장 고통스러운 경험으로 기억되었고, 회복되는 데 많은 세월이 필요했다. 그 관계는 내게 의미 있는 관계들 중 근본적으로 깨진 것으로 생각되는 유일한 관계였다. 나는 화해의 여정을 시작하려고 여러 번 시도했으나 성공하지 못하였다. 그 상황을 있는 그대로 수용하지 못하는 자신에 대하여 깊은 수치심을 느꼈다. 이 세상에는 치유할 수 없는 것들도 있으니 치유에 대한 나의 원의로 알렉스 선생님을 귀찮게 하는 것을 그만두어야 한다고 반복적으로 나 자신에게 말해 보았다. 하지만 그런 생각은 항상 큰 메마름을 가져왔다. 그 메마름은 가슴의 통증과 목에 걸려 있는 듯한 지독한 슬픔으로 드러났다.

여러 해가 지났는데도 여전히 그 관계에 대하여, 그리고 그 충격적인 결말에 대하여 친한 친구들에게 두고두고 이야기하고 있는 자신을 보게 되었다. 그 이야기를 하면서 누군가가 들어 주었다는 느낌이 들 때마다 내 가슴의 통증과 목에 걸려 있는 슬픔이 좀 떠나가는 것 같은 위안을 느꼈다. 이 위안에 귀를 기울일 때마다 내가 깨닫게 되는 것은, 알렉스 선생님에게서 내가 진정으로 원하는 것은, 관계는 회복할 수 없더라도 선생님이(그리고 선생님과 나와의 관계가) 내게 어떤 경험이었는지를 듣는 것이었다. 내가 선생님에게 말할 필요가 있는 것은 우리 관계가 깨진 것이 나에게 얼마나 상처가 되었는지, 선생님이 나에게 얼마나 큰 의미가 있었는지에 대한 것이다. 가슴의 통증과 목에 걸린 덩어리는 표현되지 못한 고통과 감사였으며, 그런 감정을 다른 사람과 나눌 때마다 어느 정도 안도감이 들었다. 내가 그것을 정말로 나눌 필요가 있는 한 사람은 바로 알렉스 선생님이었기에 나는 선생님께 내가 필요로 하는 것이 무엇인지(들어 주는 것) 그리고 필요하지 않은 것이 무엇인지(우리의 과거 부녀간 같은 관계)를 분명하게 하는 편지를 썼다. 뜻밖에도 선생님은 우리의 만남에 동의하셨다.

나는 말을 시작하자마자 선생님이 깊은 관심을 가지고 주의 깊게 내 이야기를 경청하고 계심을 느꼈다. 선생님은 내 이야기를 세 시간 동안 들어 주셨다. 내가 알게 된 것은 선생님도 나만큼이나 우리 관계가 끊어진 것에 대하여 이해할 수 없었고, 나의 이야기를 듣는 것이 나뿐 아니라 선생님께도 치유의 경험이 되었다는 것이다. 이야기를 끝냈을 때 우리 둘 다 똑같이 깨달은 것은, 우리 사이에 있던 벽이 사라졌고 우리가 다시 친구가 되었다는 것이다.

자리를 뜨기 전에 나는 선생님께 내가 선생님을 가장 그리워한 때는 데니스와 결혼을 할 때였으며, 나를 떠나보내는 자리에 당신이 없었던 것이라고 말했다. 다음 날 데니스와 함께 선생님을 만나러 갔을 때 선생님은 당신이 직접 손으로 만든 결혼 선물이 들어 있는 작은 선물 꾸러미를 주셨다. 어제 선생님과 나는 우리 사이에 긴 이별의 세월이 전혀 없었던 것처럼 전화 통화를 했다.

나의 어머니는 정신적으로 건강하지 못해, 자녀들과 제대로 된 관계를 맺을 수가 없었기 때문에 나는 아주 어렸을 때부터 나의 필요와 욕구에 대하여, 특히 다른 사람들과 관계를 맺을 필요에 대하여 수치심을 느꼈다. 알렉스 선생님과의 관계를 치유하기 위하여 애쓰는 것을 포기해야 한다고 말하는 것은 바로 이 수치심의 목소리였다. 나는 이 목소리에 항복할 생각을 할 때 메마름을 느꼈다. 내가 알렉스 선생님에 대한 이야기를 다른 사람들에게 할 때마다 느꼈던 위안을 생각할 때 나는 치유를 가져오는 방법을 깨달았다. 그것은 들어 달라고 요청하는 것이었다.

앞에서 묘사한 나의 패턴, 곧 내가 필요한 것과 원하는 것을 수치스럽게 느끼는 이 패턴은 상호 의존증의 한 면이다. 나 자신의 현실 안에서 살지 않고 나에게 필요한 것을 소중히 여기지 않고 다른 사람들의 현실을 중심으로 살 때 나는 상호 의존인처럼 행동하는 것이다. 중독과 관련된 분야에서 일하는 많은 사람들은 상호 의존증과 수치심이라는 핵심 감정이 다른 모든 중독의 밑바닥에 흐르고 있다고 말한다.

나는 나의 회복을 위하여 성찰의 도움이 필요하다. 앤 윌슨 샤프는 자신의 책 「상호 의존증」[*2]에서 회복 중인 상호 의존인에게는 "가장 작은 거짓말조차 우리의 질병을 도지게 할 수 있다."고 말한다. 다시 말하면, 다른 사람을 기쁘게 하기 위해서든, 내가 어떤 사람이어야 하고 어떻게 느껴야 하는지에 대한 나 자신의 기대를 충족시키기 위해서든, 있는 그대로의 진실한 나를 어떤 방식으로 뒤트는 것은 알코올 중독자가 첫잔을 마시는 것과 같다. 나는 성찰을 매일 할 필요가 있다. 성찰을 함으로써 내가 누구인지, 필요한 것이 무엇인지에 관하여 진실을 이야기하는 것이 점점 나아지기 때문이다.

성찰,
삶의 안내자 *3

 성찰은 우리가 처음에는 의미 없는 것으로 쉽게 지나칠 수 있는 순간들이지만 궁극적으로는 우리 삶의 방향을 제시해 줄 수 있는 순간들을 깨닫도록 도와준다. 예를 들면, 언젠가 우리는 미국에서 영어·스페인어 권 회의에 참석하고 있었는데, 아침에는 백인들이 음악을 연주하고 오후에는 히스패닉계 라틴 아메리카 사람들이 음악을 연주하였다. 그날 저녁 성찰을 하면서 우리 셋 모두 가장 덜 감사했던 순간이 똑같았다. 그것은 백인들이 연주하는 동안 회의가 힘들게 끌려가는 느낌이 들었던 때였다. 우리가 가장 감사하는 순간 또한 같았다. 그것은 히스패닉계 사람들과 그들의 음악이 회의를 생동감 있게 만들던 때이다.

 처음에는 그 두 순간이 별 의미가 없는 것처럼 보였다.

그러나 다음 몇 달 동안 우리는 하나의 패턴이 있음을 깨달았는데, 그것은 우리가 감사하는 순간들의 중심에 자주 히스패닉 사람들이 등장한다는 것이었다. 이런 일이 몇 번 일어나고 말았더라면 우리는 그것을 그냥 무시했을 것이다. 하지만 우리는 규칙적으로 성찰을 했고, 히스패닉 사람들이 너무 자주 우리의 위안 체험 안에 등장했기 때문에 우리는 뭔가 중요한 것을 경험하고 있다는 것을 알아차렸다. 마침내 우리는 시간을 내서 그러한 경험에 관하여 우리가 무엇을 해야 하는지에 대해 우리 자신에게 물어보았다. 성찰 시간을 통하여 우리는, 우리에 대한 하느님의 뜻은 가능하다면 언제든지 우리에게 더 큰 생명과 감사를 불러일으키는 일을 하는 것임을 알아듣게 되었다. 그래서 우리는 먼저 볼리비아로 가서 스페인어를 배우고, 그런 다음 3년 동안 라틴 아메리카에서 피정 동반을 하기로 결정했다. 우리가 매일 접하는 의미 없는 순간들은 하나의 패턴을 형성하여 하느님께서 더 큰 생동감을 주기를 원하실 때 어떻게 하시는지 그 방식을 알려 주는 안내자 역할을 하고, 그것을 이해할 때 그 의미 없이 지나쳤던 순간들은 의미 있는 순간으로 변화한다.

사람들이 무엇을 해야 할지
말해 주기를 원할 때

　많은 사람들이 우리에게 "제가 직업을 바꾸어야만 할까요?" "제가 집에서 시간을 더 보내야 할까요, 아니면 다른 사람들에게 봉사하는 데 더 시간을 할애해야 할까요?" "저의 우울증에 무엇이 도움이 될까요?" 등과 같은 질문들을 가지고 온다. 우리가 이 모든 질문에 대하여 답을 제시할 책임을 진다면 우리는 기진맥진해지고, 또 그 사람들을 잘못 안내하게 될 것이다. 그러나 성찰은, 우리가 응답할 때 모든 답을 아는 구루(스승)인 척하는 데서 보호해 주고, 질문하는 사람들이 자신들의 내적 지혜를 거부하는 것에서 보호해 주는 길을 제시해 준다. 우리가 하는 일반적인 제안은, 다음 한 달 동안 매일 무엇이 자신에게 생명을 불어넣어 주고 무엇이 생명을 빼앗아 가는지를 집중해서 보라는 것이다. 이 사람들이 한 달 후에 돌아와서 자주 하는 이야기는 그들의 문제를 해결하기 위하여 무엇을 더 해야 하고 무엇을 덜 해야 하는지를 그들 자신의 경험으로부터 발견했다는 것이다. 하느님의 뜻은 우리가 사랑과 생명을 더 주고받는 것이다.

매일의 경험이
하느님의 계시이다

 이냐시오 성인은 수 세기 동안 피정자들의 길잡이가 되어 온 영신수련을 집필하였다. 영신수련은 모든 피정자에게 성찰에 대하여 배우는 것으로 시작할 것을 권고한다. 이냐시오는 성찰을 통하여 거친 군인에서 맨발로 예루살렘까지 걸어가는 순례자로 변했으므로, 성찰이 우리 삶의 방향을 드러내 준다는 것이 그리 놀랄 일은 아닐 것이다. 이냐시오는 그가 '위안'consolation과 '메마름'Desolation이라고 명명한 우리의 가장 깊은 감정과 염원을 통하여 하느님께서 말씀하실 것이라고 생각한다. 위안이란, 우리를 자신과 이웃과 하느님과 우주와 연결시켜 주는 것들이고 메마름이란, 그 연결을 끊는 것이다. 이냐시오는 우리 자신의 위안과 메마름의 가장 깊은 순간으로 돌아갈 것을 권고하는데 우리가 그렇게 하는 이유는 다음과 같다.

> '경험은 가장 훌륭한 선생님이다.'라는 말에 지혜가 담겨 있다. …이렇게 말하는 가장 분명하고 근본적인 이유는 하느님의 계시가 아직 완성되지 않았기 때문이다. 하느님께서는 우리의 경험 안에서 계속해서 당신 자신을 우리에게 드러내신다. …물론 성경은 하느님의 계시이다. 아무도 이것을 부인하지 않는다. 그러나 우리의 삶도 마찬가지이다! 이렇게 말하는 이유는 바로 하느님께서 우리 삶에 현존하시고 인간의 경험 안에 작용하시기 때문이다. 이 삶과 인간의 경험은 하느님께 영감을 받은 우리의 이야기이고, 그 이야기가 바로 계시이기 때문이다.*4

성찰할 때 촛불을 켜는 이유는 촛불의 불꽃이 매일의 경험 안에 현존하시는 하느님 계시의 빛을 상징하기 때문이다. 우리가 사용하는 감사에 대한 질문들은 하느님의 계시가 그 모습을 드러내는 내적인 움직임인 그날의 위안과 메마름을 발견하기 위한 하나의 방법일 뿐이다.

이냐시오 성인은 트리엔트 공의회에 참석한 예수회 회원들이 시간이 없을 때 기도 중에 생략할 수 있는 기도가 있는지 질문하자, 성찰을 제외하고는 무엇이든 생략할 수 있다고 말했을 정도로 성찰을 영적인 삶의 주춧돌로 보았다.

봉인된 명령을
찾아서

 매일 성찰을 할 때 어떤 패턴이 나타날 수 있는데, 그것은 우리가 볼리비아에 가서 스페인어 공부에 매진하기로 한 결정과 같이 어떤 구체적인 결정을 가져오는 패턴보다 훨씬 더 심오한 것일 수 있다. 아녜스 샌포드는 이 패턴을 하느님에게서 오는 '봉인된 명령'이라고 부른다. 아녜스가 이 말로 의미한 것은, 마치 우리가 태어나기 전에 각자 지상에서 보낼 시간이 어떤 특별한 목적을 가지고 있는지에 관하여 하느님과 이야기를 나누는 것 같다는 것이다. 우리는 전 삶을 통하여 우리가 받은 유일무이한 봉인된 명령을, 곧 사랑을 주고받는 우리만의 방법을 더욱더 깊이 있게 발견해 나간다.

 나 쉴라는 내 삶의 특별한 목적을 의식하고 내가 받은 봉인된 명령을 수행하고 있을 때 깊은 위안 또는 '맞다는 느낌'A sense of rightness을 받거나 온몸이 편안해지는 느낌을 받는다. 나는 우리 삶의 목적이 바로 몸의 세포 속에 형성되어 있기 때문에 이 '맞다'는 느낌이 생리적으로 나타난다고 믿는다.

나는 피조물에 내재되어 있는 선에 대하여 알게 되거나 느끼게 될 때마다 이 맞다는 기분을 느낀다. 삶을 되돌아볼 때 이 느낌이 내가 살면서 내린 모든 중요한 결정들의 길잡이였음을 깨닫는다. 나의 가족은 유다교인이었는데 나는 자연 속에서 예수님의 현존을 느꼈기 때문에 그리스도인이 되었다. 나는 인간의 성장 발달 안에 현존하시는 하느님에 관하여 배우기 위해 대학원의 심리학 과정을 듣는 대신 신학교에 갔다. 신학교에서는 과학과 신학에 대한 모든 과목을 수강했고, 모든 것 안에서 하느님의 현존을 인식하는 가톨릭교의 육화에 대한 심오한 이해 때문에 결국 가톨릭 신자가 되었다. 나는 나처럼 피조물 안에 있는 이러한 선을 발견하는 즐거움을 아는 데니스와 결혼을 했다.

우리 삶의 목적이 몸의 모든 세포 안에 형성되어 있기 때문에 우리는 그것을 찾기 위하여 먼 곳을 볼 필요가 없다. 삶의 목적은 가까운 곳을 둘러봄으로써, 곧 우리에게 위안과 메마름을 주는 매일의 작은 일들 안에서 찾을 수 있다. 해를 향하는 식물의 잎사귀들을 볼 때, 음식을 준비하면서 모든 음식 안에서 활력을 느낄 때, 또는 자연 그대로의 면 옷에서 생명의 에너지를 느낄 때 나는 위안을 얻는다. 그런 많은 순간들은 나의 봉인된 명령이 모든 것 안에서 하느님의 얼굴을 발견하고 사랑으로 모든 것을 대함으로써 그 모든 것이 더욱더 진정으로 본연의 모습이 되어 가도록 돕는 것임을 말해 준다.

메마름의 순간들도 똑같이 유익하다. 최근에 우리는 피정 동반을 하면서 진화 안에 현존하시는 하느님에 대하여 이야기하였다. 참가자 중 소수는 진화를 '성경에 거스르는' 것이라고 주장하면서 적대감을 가지고 맹렬하게 반대했다. 나는 큰 슬픔을 느꼈으며 이 사람들과 어떻게 소통해야 할지 당황스러웠다. 이 경험과 다른 비슷한 경험들을 통하여 내가 알게 된 것은, 창조된 이 세상에 대한 나의 사랑을 공유할 수 없는 사람들과 일하는 것은 내가 받는 재능이 아니라는 것이다.

로버트 존슨은 우리 삶의 특별한 목적을 우리가 누구

인가를 '명명'해 주는 한마디로, 또는 한 구절로 요약해 보라고 한다. 일단 자신이 누구인지를 알면 또한 우리가 무엇이 아닌지도 알게 된다. 우리는 우리가 어디에, 그리고 누구에게 속해 있는지 알게 되고, 따라서 모든 사람에게 모든 것이 되려는 노력을 중단할 수 있다. 내 삶의 위안과 메마름의 패턴을 숙고해 본 결과 나의 경험에 알맞은 이름은 '모든 피조물에 내재된 선을 소중히 여김'이다.

다른 사람과
함께 성찰하기

　성찰은 혼자 해도 도움이 되기는 하지만 우리는 함께 성찰을 한다. 다른 사람과 함께 성찰을 하면 우리가 나누기로 선택한 순간들뿐 아니라 함께 나누는 사람들도 우리에게 더욱더 살아 있는 존재가 되고 중요해진다. 이것이 미국에서 빠르게 성장하고 있는 영성인 '12단계' 그룹들이 다른 사람, 예를 들어 후원자와 정기적으로 나눔을 하는 것을 매우 중요하게 여기는 까닭이다. 사실 삶을 평가하고 그 결과를 다른 사람과 나누도록 초대하는 4, 5, 10단계는 성찰과 비슷하다. 말하자면, 대부분의 12단계 모임들은 구성원들이 지난 모임 이후에 경험한 위안과 메마름에 대해 나누는 집단 성찰 모임이다. 이런 나눔은 집단 구성원들의 서로에 대한 공감과 연민을 심화시키기 때문에 그들 사이의 유대를 촉진시킨다. 그러한 환경에서 사람들은 함께 치유하고 성장하기 위하여 노력할 수 있다. 우리는 이러한 것을 다른 종류의 모임들에서도 발견할 수 있는데, 참가자들이 그들의 위안과 메마름에 대한 나눔으로 모임을 시작한다면 그들은 보통 정해진 시간보다 훨씬 빠르게 그 모임의 과제를 완수할 수 있을 것이다. 이는 그들 안에 유대감이 형성되고 더 잘 들을 수 있기 때문이다.

우리가 함께 성찰을 하는 것은 서로서로의 마음으로 들어갈 수 있는 기회를 허락해 준다. 놀라운 점은, 우리 중 한 사람에게 감사한 순간이 자주 다른 사람에게는 가장 덜 감사한 순간이 된다는 것이다. 예를 들면, 나 데니스가 좋아하는 나라는 과테말라이다. 그곳에서 내가 좋아하는 여가 활동은 장인들의 시장에서 흥정을 하는 것이다. 그곳에 있는 모든 물건은 수제품으로 아름다운 무지개 빛깔을 띠고 있다. 과테말라를 여행 중이던 어느 날 저녁, 나는 쉴라와 마태오에게 내가 가장 감사한 일은 손으로 짠 셔츠 여섯 벌을 산 것이라고 말하였다. 셔츠 한 벌 당 12달러를 부르는 것을 4달러에 샀기 때문이었다. 한 벌은 나를 위하여, 다섯 벌은 친구들을 위하여 구입하였다. 같은 날 저녁 쉴라는 나의 구매 활동이 자기에게는 가장 덜 감사한 순간이라고 말했다. 쉴라는 손으로 이것 저것을 만들곤 했는데 온 가족의 스웨터도 직접 짰다. 그래서 쉴라는 셔츠 한 벌을 짜는 데 닷새 정도가 걸린다는 것을 알고 있었고, 파는 사람이 '12달러'라고 했을 때 내가 4달러가 아니라 '24달러'라고 말했었기를 원했다. 지난해 우리는 다시 과테말라에 갔다. 이번에는 시장에 가서 흥정을 하기 전에 얼마가 적당할지에 대하여 쉴라와 먼저 흥정을 했다. 그날 저녁 성찰을 할 때 우리가 가장 감사한 순간은 파는 사람과 우리 모두 이긴 것처럼 느낀 셔츠 구입이었다는 것에 모두 동의했다.

가족이 함께하는 성찰

 피정 중에 성찰 과정을 가르치면서 우리가 얻게 된 가장 큰 기쁨 중의 하나는, 규칙적으로 성찰을 함께하며 그것을 삶의 일부로 만드는 가족들의 숫자가 늘어난다는 것이다. 예를 들면, 프랭크는 성찰을 다섯 명의 자녀와 열 명의 손주들에게 소개하였다. 프랭크는 4년 전 세 살인 마르타와 여섯 살인 에릭과 그들의 부모를 방문하였다. 어른들은 하루를 어떻게 지냈는지에 대하여 서로 이야기하기 시작했고, 프랭크는 그들에게 성찰에 대하여 말해 주어야겠다고 생각했다. 아이들은 그 즉시 받아들여 "오늘 무엇이 가장 좋았어?" "오늘 무엇이 가장 나빴어?"라고 서로에게 묻기 시작하였다.

 4년이 지난 지금도 이 가족은 여전히 함께 성찰을 하고 있다. 성찰은 그들에게 화해와 보상의 기회를 마련해 주었다. 예를 들면, 어느 날 저녁 에릭의 메마름은 경기 중 누군가에게 고약하게 굴어서 '타임아웃'을 당한 순간이었다. 어떤 날은 에릭에게 최고의 순간이 호스로 물을 뿌려 마르타를 흠뻑 젖게 한 때라고 했고, 마르타는 최악의 순간이 물에 빠진 생쥐가 되었던 바로 그 순간이라고 했다. 그때 아버지가 끼어들어 두 아이가 서로 화해하도록 부드럽게 안내했다. 에릭과 마르타는 성찰을 통하여 한 사람에게 그날 최고의 순간이 다른 사람에게는 최악의 순간이 될 수 있다는 것과 서로의 다른 점에 대하여 서로 존중하는 것을 배우고 있다.

또 다른 가족의 예로, 짐과 앤과 그들의 세 자녀 이야기도 있다. 그들은 11년 전 우리가 그들에게 성찰을 가르쳐 준 뒤로 변함없이 매일 저녁 성찰을 하고 있다. 때로는 온 가족이 식탁에 둘러앉아 함께 성찰을 한다. 또 어떤 때는 아이들을 재울 때 짐 또는 앤이 한 명씩 데리고 따로 하기도 한다. 그들은 그들에게 맞게 다음과 같은 질문을 사용한다.

오늘 기분 좋은 일은 무엇이었나?

오늘 가장 많이 힘들었던 일은 무엇이었나? 또는 언제 슬프거나 무력하거나 화가 났었나?

질문들에 대한 답을 서로 나눈 후에 각자 자신의 답을 하느님께 바치면서 위안에 대하여 감사드리고 메마름에 대하여 도움을 청하는 기도를 한다.
우리는 짐에게 그렇게 오랜 세월 함께한 성찰의 열매가 무엇인지 물어보았다. 짐은 다음과 같이 말하였다.

성찰은 나의 자녀들에게 자기 자신을 신뢰하는 법을 가르쳤습니다. 아이들은 하느님께서 실재하는 모든 것 안에 계시다는 것과, 저 바깥에는 물론이고 삶의 한가운데 계시다는 것과 그들 자신 안에 계시다는 것을 압니다. 어젯밤 열다섯 살인 딸 베스가 인기 많고 잘생긴 남자 친구의 첫 데이트 신청을 거절했습니다. 남자 친구가 베스를 데리고 가기를 원했던 파티는 술을 많이 마시고 성적으로 문란한 행위들이 난무할 것 같은 파티였습니다. 베스는 자신이 그런 종류의 환경에 있고 싶어 하지 않는다는 것을 알고 있었습니다.

남자 친구는 베스의 그러한 자아의식에 깊은 인상을 받고는 파티장을 일찍 떠나 베스를 만나러 다시 우리 집으로 왔습니다. 그 둘은 잠시 이야기를 나누었고, 남자 친구는 술을 마신 이들을 위해 지명 운전자(the designated driver, 파티나 모임에서 나중에 운전하기 위하여 술을 마시지 않기로 지명된 사람 - 옮긴이 주)가 되어 주려고 파티로 돌아갔습니다. 저는 베스의 내적인 힘이, 오랜 세월 성찰을 하면서 자신에게 생명을 주는 것과 그렇지 않은 것을 스스로 알 수 있다는 것을 신뢰하도록 학습한 데서 온 것이라고 생각합니다.

베스는 자기 삶의 모든 중요한 경험들을 우리와 나누어 온 것처럼 이 경험도 우리와 나누었습니다. 다른 아이들도 똑같이 개방적이고 투명합니다. 예를 들면, 아홉 살 톰에게는 버트라는 나이가 많은 친구가 있는데, 그는 알츠하이머로 죽어 가고 있습니다. 최근에 톰의 메마름은 "왜 버트가 실성을 하고 그렇게 고통스럽게 죽어야 하는지 이해가 안 된다."는 것이었습니다. 이것은 아홉 살밖에 안 된 톰이 죽음이라는 궁극적인 주제를 직면하는 긴 대화의 시작이었습니다.

톰의 형인 열세 살 샘은 한창 사춘기를 겪고 있는데 거센 성적 감각에 압도당하고 있습니다. 그러나 그는 그 나이대의 아이들 대부분이 그렇듯이 성적 욕구를 참았다가 탈의실에서 발산하기보다는 그 느낌들에 대하여 우리에게 이야기합니다.

저는 성찰이 우리 아이들을 음주와 문란한 성생활에서 보호해 줄 뿐만 아니라 이 시대의 폭력적 문화에 말려들지 않도록 보호해 준다고 생각합니다. 그 또래의 많은 아이들은 서로 때리고 싸우거나 총칼을 학교에 가지고 오는 것으로 다툼을 해결하려고 합니다. 하지만 성찰은 우리 아이들에게 폭력을 내면에 존재하는 자신의 그림자로 직면하고, 치유를 위하여 그것을 빛이 있는 곳으로 가지고 나오도록 가르칩니다. 그렇기 때문에 우리 아이들은 대개 친구들에게, 또 사회정의라는 더 큰 주제들에 대해 비폭력적으로 응답할 수 있습니다.

아내와 저는 둘 다 직업이 있는데, 성찰은 우리의 바쁜 삶에도 불구하고 우리 가족이 하나의 가족으로 연결되고 소속되게 해 줍니다. 성찰은 우리 가족을 하나로 모아 주고 서로에게 정서적으로 함께할 수 있는 길을 제공해 줍니다.

이런 이야기를 하다가 짐은 샘과 톰을 돌보기 위하여 통화를 중단하였다. 다시 돌아온 짐은 우리에게 샘이 동생을 재웠고 이제는 두 아이 모두 잠이 들었다고 말하였다. 이어서 그는 "샘이 톰을 재우기 전에 톰과 함께 성찰을 했다고 확신합니다. 우리 아이들은 잠자리에 들 때는 언제나 성찰을 하는 것이라고 배웠으니까요."라고 덧붙였다.

프랭크의 가족과 짐과 앤의 가족에게 함께 성찰한다는 것은 서로에게 생명의 빵을 주는 것과 같았다. 사실 우리가 아는 어떤 가족은 실제로 그렇게 한다. 그들은 저녁 때 빵을 식탁에 올려놓고 둘러앉는다. 각자 빵을 조금 떼어 손에 들고는 그날 경험한 위안과 메마름이 무엇인지를 이야기한다. 그런 후에 생명의 빵을 서로 나눈다.

함께 나눌 사람이
없다면?

성찰에서 중요한 것은 자신의 경험을 받아들이고 자신의 모든 감정을 느낄 수 있는 안전한 환경, 무조건적인 사랑이라는 환경을 경험하는 것이다. 이것이 사랑하는 사람들과 함께 성찰을 하도록 권장하는 이유이다.

혼자일 때는 어떻게 이러한 환경을 조성할 수 있을까? 어떤 사람들은 상상으로 그들 자신이나 다른 사람, 하느님이나 우주 등 어딘가에 자신이 속해 있다는 느낌을 가장 많이 받았던 때로 돌아가기를 원한다. 또 어떤 사람들은 그들 곁에 하느님께서 계시다는 것을 이해하고, 그들이 이해한 방식으로 신뢰할 수 있는 친구, 예수님 또는 하느님께서 함께하신다는 것을 상상하는 것이 도움이 되기도 한다. 또 어떤 사람들은 시냇가와 같이 땅에 연결되어 있다고 느낄 수 있는 평화로운 자연 속에 있다고 상상하고 싶을 수도 있다. 좋아하는 음악을 듣는 것도 도움이 될 수 있다. 이 모든 것을 다하는 것이 도움이 되는 사람들도 있다. 제일 중요한 것은 누구를 또는 무엇을 상상하는가가 아니라 자신에 대한 하느님의 조건 없는 사랑을 느끼게 해 주는 방법을 찾는 것이다. 시간을 내어 의식적으로 그러한 조건 없는 사랑을 들이마시고 그 사랑이 자신을 다시 채우도록 한다면 더 효과적일 것이다.

경험을 나누려고 하는데 자신의 위안과 메마름을 말로 표현할 대상이 물리적으로 존재하지 않는다면 다른 방법으로 표현하는 것이 도움이 될 것이다. 일기 쓰기, 그리기, 몸의 움직임 등이 도움이 되기도 하고, 그 외에도 자신의 경험을 표현할 수 있는 다른 방법들이 있을 것이다.

성찰
과정

준비. 원한다면 촛불을 켠다. 조건 없는 사랑을 느끼기 위하여 도움이 되는 것이면 무엇이든 하라. 예를 들면, 당신을 사랑한다고 믿을 수 있는 대상과 함께 좋아하는 장소에 있다고 상상하라. 그 대상은 친구, 예수님 또는 하느님이 될 수도 있다. 두 발을 바닥에 평평하게 붙이고, 발가락 끝에서 시작해서 다리를 통하여 복근과 가슴을 통과하는 깊은 호흡을 몇 번 내쉰다. 조건 없는 사랑을 들이마시고, 내쉴 때는 조건 없는 사랑으로 주변을 가득 채워라.

1. 손을 가슴에 얹고 예수님 또는 하느님께 오늘 **가장 감사한 순간을** 마음으로 느끼게 해 달라고 간청하라. 어느 한 순간을 다시 체험할 수 있다면 어느 순간을 다

시 체험하고 싶은가? 오늘 중 언제 사랑을 가장 잘 주고받을 수 있었는가? 그 순간을 그렇게 특별하게 만든 말이나 행동은 무엇이었는지 자신에게 물어보라. 자신이 느끼는 감사를 들이마심으로써 그 순간으로부터 다시금 생명을 받도록 하라.

2. 오늘 가장 적게 감사한 순간을 마음으로 느낄 수 있도록 하느님께 기도하라. 하루 중 사랑을 가장 적게 주고받았던 때는 언제인가? 그 순간을 그렇게 힘들게 만든 말이나 행동은 무엇이었는지 자신에게 물어보라. 어떤 식으로든 그것을 바꾸거나 고치려고 애쓰지 말고, 느껴지는 감정을 있는 그대로 느끼도록 하라. 깊은 호흡을 하여 하느님의 사랑이 있는 그대로의 자신을 가득 채우게 하라.

3. 무엇을 경험했든 자신이 경험한 것에 대하여 감사를 드려라. 가능하면 친구와 함께 이 두 순간의 경험을 자신이 원하는 만큼 나누도록 하라.

주註

*1 무의식은 우리가 자는 동안에도 우리를 위하여 문제풀이 작업을 계속하는데, 이는 창의력이 어떤 방식으로 기능하는지를 보여 주는 예라고 할 수 있다. "창조적인 사람들에 관해 연구한 심리학자 아브라함 매슬로는 창조 과정에는 언제나 쉬는 순간, 고요의 순간이 있다는 것을 보여 준다. 이러한 순간에는 애쓰지 않고도 마음을 열게 되고, 열정적으로 질문을 하지만 집착하지 않는다. 그렇게 하면 논리가 줄 수 있는 그 어떤 것보다 더 큰 무엇인가가 별안간 떠오른다. 그리고 때로는 그것을 통하여 전에는 전혀 존재하지 않던 어떤 것에 대하여 깨닫게 된다. 이것이 음악이 창조되는 뇌의 반구를 사용하는 과정이다."(Patricia Sun[Michael Toms, *At the Leading Edge*, Burdett, NY: Larson Publications, 1991, 264.]) 그러므로 잠들기 전에 성찰을 함으로써 우리는 무의식에게 위안에서 오는 감사로 흠뻑 젖을 기회를 주고 또한 '쉬는 순간'을 허용하는 것이다. 쉬는 순간에 발휘되는 창의성은 우리에게 위안을 주는 것들에 대하여는 새로운 가능성을, 메마름을 주는 것들에 대하여는 필

요한 도움이 무엇인지 보여 주기도 한다. 이것이 바로 단 몇 분이라도 매일 성찰을 하면 많은 것을 얻게 되는 이유이다. 그 몇 분 동안 우리는 '마음을 열고' 또 '집착하지 않고 놓아줄' 수 있으며, 신비의 영역인 무의식이 할 일을 하도록 허용한다. 이 신비의 영역, 곧 창의성과 음악의 근원지인 이 영역은 또한 직관과 예감의 근원지기도 하다. 초심리학 parapsychology 에 의하면, 엄마는 아이가 위험에 처할 때 그것을 '알고' 제때 뒤뜰로 달려가서 아이가 수영장에서 익사하기 전에 구해 낸다. 이처럼 우리는 모두 초감각적 지각 능력을 가지고 있다고 한다. 엄마의 이 '안다는 것'은 명치끝에 느껴지는 울렁거림 또는 가슴에 느껴지는 공포의 파도와 같은 것으로 메마름의 느낌과 아주 비슷하다. 따라서 위안과 메마름에 주의를 기울임으로써 우리는 이성적이고 의식적인 정신이 간과하기 쉬운 도움과 안내를 제공하는 근원지에 우리 자신을 개방하게 된다.

*2 Anne Wilson Schaef, *Co-dependence* (Minneapolis: Winston Press, 1986), 59 - 정신 신체 의학의 연구 결과를 통하여 우리의 욕구와 갈망을 신뢰하도록 도와주는 성찰을 함으로써 정서적인 건강뿐 아니라 신체적인 건강을 누릴 수 있다는 것을 알게 되었다. 예를 들면, 버니 시겔 박사는 다음과 같이 서술한다. "솔로몬 박사의 최신 논문(Henry Dreher, 'A Conversation with George Solomon', *Advances: Journal of the Institute for the Advancement of Health*, 5[1], 1988)에서 그는 에이즈 환자들이 자신의 장기 생존 가능성을 측정하기 위하여 자문해 볼 수 있는 간단한 질문이 하나 있다고 한다. '친구가 당신이 정말로 하고 싶지 않은 일을 해 달라고 요구할 때 그것을 해 줄 것입니까?' 솔로몬 박사에 의하면 대답이 '아니오.'일 경우 이것은 장기 생존을 예측하기 위하여 그들이 면밀히 연구 개발해 온 그 어떤 성격 특성들보다도 더 긍정적인 의미를 가진다. 나는 강의를 할 때 청중에게 그들이 에이즈나 암에 걸려 살 날이 6개월밖에 남지 않았다고 상상하게 한다. 그리고 멋진 계획을

가지고 있는 그들에게 친구가 전화를 걸어 도움을 요청한다. 친구에게 '그래.'라고 할까, '안 돼.'라고 할까? 그들 중 절반 이하, 때로는 10~20퍼센트만이 '안 돼.'라고 대답한다. 그러나 환자 워크숍에 참여한 사람들은 '안 돼.'라고 대답할 가능성이 훨씬 더 높다. 그것은 그런 모임에 참여하기로 선택한 사람들은 이미 생존에 대하여 많은 것을 배운 사람들이라는 것을 시사한다."(Bernie S. Siegel, MD, *Peace, Love & Healing* [New York: Harper, 1989], 162-163) 그러므로 '내가 가장 많이 감사하는 것은 무엇인가? 내가 가장 적게 감사하는 것은 무엇인가?'라는 질문을 '내가 즐거워서 하고 있는 것은 무엇인가? 내가 해야만 해서 하는 것은 무엇인가?'라는 형태로 바꾸어도 도움이 된다.

*3 성찰 외에도 결정을 할 때, 특히 중요한 결정을 해야 할 때 사용할 수 있는 다른 방법들이 있다. 예를 들면, 예수님은 어떻게 하실지 여쭤어 보기, 영적 동반자 또는 그와 같은 사람들과 의논하기, 우리가 선택해야 하

는 것들의 장점과 단점의 목록 만들기 등이 있다. 그러나 궁극적으로 이 모든 식별 방법은 성찰 질문의 다양한 형태라고 할 수 있다. 예를 들면, 예수님께서는 무엇을 하시든지 항상 생명력을 가장 많이 증진시키는 것을 하셨다. 영적 동반자나 우리를 사랑하는 사람들은 그것이 무엇이든 우리에게 가장 많은 위안을 가져오는 것을 하도록 격려할 것이다. 우리가 작성한 장단점 목록은 우리에게 위안이나 메마름을 가져올 것이라고 예상되는 것들에 기초하였을 것이다. 나아가 이런 모든 다양한 식별 수단을 효과적으로 사용할 수 있는 능력은 성찰과 같은 훈련을 통하여 우리에게 위안과 메마름을 주는 체험을 경청하도록 얼마나 학습했느냐에 따라 점점 더 증진될 것이다.

*4 Dick Westley, *A theology of Presence* (Mystic, CT: Twenty-Third Publications, 1988), 29, 31, 35.

2부

900자루의 초

과테말라의 산간 마을 치치카스테낭고에 초를 파는 상인이 있는데 그는 공중전화 부스 크기만 한 가게를 가지고 있다. 가게가 너무 작아서 물건을 둘 수 있는 곳이 천정뿐이라 거기에는 수백 자루의 초가 매달려 있다. 잘 팔리는 날에는 30자루 아니면 40자루까지도 팔렸다.

몇 년 전 우리는 그에게서 초 10자루를 샀다. 그런데 미국에 돌아와서야 그 초에 뭔가 놀라운 점이 있다는 것을 알게 되었다. 그 초에서는 촛농이 흐르지 않았다. 우리는 이미 여러 해 전부터 모임을 가져 왔고 사람들은 촛불을 밝히면서 성찰 질문에 대한 각자의 답을 나누었다. 그동안은 아무리 조심을 해도 촛농이 떨어져 사람들이 떠난 후에 그것을 제거해야 했다.

그래서 다음에 과테말라에 갔을 때 우리는 특별히 치치카스테낭고의 그 가게를 찾아갔고 진지하면서도 태연한 표정으로 초 900자루를 달라고 했다. 아마도 우리가 스페인어를 잘 못한다고 생각했던지 그는 기쁘게 9자루를 세어 우리에게 건네주었다. 우리가 원하는 것을 다시 말했을 때도 그는 '19'를 잘못 말했을 것이라고 생각하면서 10자루를 더 내주었다. 마침내 그가 우리가 말한 것의 의미를 이해했을 때 그는 "기적이다!"라고 외쳤다.

여기까지는 하루를 마치면서 우리의 위안과 메마름의 순간을 알아차리기 위하여 어떻게 성찰을 활용하는지에 대해 이야기하였다. 지금부터는 그 초 900자루의 다른 용도에 관하여 이야기할 것이다.

성찰을 위한
다양한 시간과 장소

　우리는 중요한 경험 또는 하루 중 어떤 시간에 대하여 숙고하는 방법으로 성찰 질문을 한다. 하루의 어떤 부분에 대하여, 예를 들면, 대화·회의·수업·영화·식사 등에 대하여 성찰을 할 수 있다. 우리는 한창 프로젝트를 진행하다가도 막히는 느낌이 있으면 멈춘다. 또는 토론을 하다가 논쟁으로 바뀌면 멈춘다.

　우리는 하루 전체에 대하여 성찰을 한다. 그리고 한 주에 대하여도 성찰을 한다. 예를 들면, "지난주에 가장 감사한 일은 무엇이지? 가장 적게 감사한 것은 무엇이지?"라는 질문으로 성찰을 한다. 데니스와 쉴라는 매주 주일 오후에 그들의 집에 모인 사람들과 함께 성찰을 하고 모임이 끝나면 저녁 식사를 한다. 마태오는 매주 목요일 아침 7시 30분에 자신의 예수회 공동체에서 다섯 명의 예수회원들과 함께 성찰을 한다.

특별한 날에는 종종 성찰을 위한 모임에 친구들을 초대한다. 예를 들면, 새해 첫날에 모두 모여 지난해 동안 사랑을 가장 많이 주고받았던 때와 가장 적게 주고받았던 때에 대하여 함께 나눈다. 패트릭 성인 축일에는 아일랜드가 우리에게 남겨 준 유산 중에 가장 많이 감사한 것과 가장 적게 감사한 것에 대하여 나눈다. 유다인이든, 베트남 사람이든, 아프리카 사람이든, 어느 민족이든 각자 자기가 속한 민족의 경축일에 자기 민족의 유산에 대하여 나누면 될 것이다. 미국 독립 기념일인 7월 4일에는 지난 1년 동안 국가가 어떻게 우리에게 활력을 주었으며 어떻게 활력을 앗아갔는지에 대하여 나눈다. 사랑하는 사람의 기일이나 전몰장병 추모일에는 애도하는 과정에서 언제 가장 큰 위안과 메마름을 느꼈는지에 대해 이야기를 나눈다.

우리가 성찰하기를 원하는 장소들이 많고 함께 성찰할 수 있는 사람들도 많다. 우리 중 많은 사람들에게 가장 자연스러운 성찰 환경은 가까운 친구 또는 배우자, 또는 이미 우리의 삶을 나누고 있는 사람들과 함께하는 것이다. 우리가 어떤 지지 모임에 참여하고 있다면 그 모임에서 우리 자신에 대하여 나누는 방식으로써 성찰을 활용할 수 있다. 영적 동반자나 고해 사제 또는 심리 치료사와 정기적으로 만나는 사람들은 성찰을 그들의 성장 과정에 대하여 나누는 하나의 방식으로 포함시킬 수 있다. 교사들은 학생들과, 관리자들은 피고용인들과 성찰을 할 수도 있다. 학생들이 교사들과, 피고용인들이 관리자들과 성찰을 원할 수도 있지 않겠는가!

첫 번째 성찰
질문만 하기

성찰에 규칙이 따로 있는 것은 아니다. 매일, 매주, 매년, 7월 4일, 패트릭 성인 축일 등 우리가 제시한 때 중 언제라도 할 수 있다. 그리고 원한다면 긍정적인 질문에만 초점을 맞출 수 있다. 예를 들면, 우리에게 성탄 카드를 쓰는 것이 무척 힘든 일이었던 적이 있다. 그러나 지난 5년 동안 우리는 성탄 카드 쓰기를 고대하게 되었다. 그런 변화는, 우리가 카드를 보내는 사람에게 특별히 감사하는 이유를 표현하는 문장을 한두 줄 첨가하기 시작하면서 일어났다. 지금은 이것이 무척이나 즐거운 일이 되었고, 우리는 매년 500통 이상의 편지를 보낸다. 이 방법을 통하여 우리 삶에 감동을 준 사람들에게 감사를 표현하게 되었을 뿐 아니라, 지난 한 해 동안 우리가 특별히 감사하는 순간들을 기억하게 되었다. 그러므로 성탄이 다가올수록 우리의 마음은 감사로 가득 차게 된다. 성탄 인사를 할 때만이 아니라 어떤 카드를 쓸 때든지 그렇게 하려고 노력하고 있다.

우리의 카드 쓰기는, 가장 적게 감사하는 순간은 포함시키지 않고 "가장 감사하게 생각한 것이 무엇인가?"라는 첫 번째 성찰 질문만 하는 것이 더 적절한 경우의 예이다. 생일이나 기념일 또는 밸런타인데이와 같은 날은 우리가 사랑하는 사람들에게 한 해 동안 가장 감사한 일을 말하기 좋은 때이다.

우리가 아는 한 가족은 매년 새해 첫날에 그렇게 하였다. 자녀들이 어렸을 때는 함께 모여서 각자 가족 한 사람 한 사람에게 지난 한 해 동안 그 사람에게 가장 감사한 것이 무엇인지 말하였지만 이제 자녀들이 한집에 살고 있지 않기 때문에 대화 대신에 이 관습을 편지로 계속해서 이어 가고 있다. 그들은 매년 정월 초하루에 각자 가족 한 사람 한 사람에게 지난해에 그 사람에게 가장 감사한 것이 무엇인지 편지를 쓴다.

우리는 이렇게 하기 위하여 특별한 사건이 일어나기를 기다릴 필요가 없다. 예를 들면, 우리 중 많은 사람들이 식사를 위해 함께 모였을 때 음식을 축복하는 것에 익숙하다. 종종 '식사 전·후 기도'는 음식을 주신 하느님께 감사드리기 위해 사용하는 공식적인 형식을 의미한다. 그러나 어떤 가족들은 잠시 조용한 시간을 가지고 각자 정말로 감사한 것이 무엇인지 인식하고 그것을 가족과 함께 나눈다. 어떤 가족들은 '식전 기도'를 하도록 지명된 사람이 식탁에 함께 있는 사람들 한 명 한 명에게 특별히 어떻게 감사한지를 표현하거나 무엇이든지 그날 가족의 삶에 일어난 일에 감사를 표현한다.

가족 외에 다른 많은 상황에서도 긍정적인 성찰은 사랑이 충만한 환경을 조성하는 데 도움이 된다. 우리의 친구 수잔은 4학년 담임인데 훈육 문제로 고군분투하고 있었다. 그러던 중 아이들에게 월요일마다 같은 반 학생들 중에서 한 학생의 이름을 쓰게 하고, 일주일 동안 그 학생을 관찰하게 하였다. 금요일마다 아이들은 일주일 동안 자기가 이름을 적은 급우에 대하여 알게 된 모든 좋은 점에 대해 앞에 나와서 발표하였다. 이와 같은 아이들의 긍정적인 성찰을 통하여 모두가 소중히 여겨지고 감사와 인정을 받는 학급 환경이 조성되면서 그들의 훈육 문제는 자취를 감추었다. 이 4학년 학생들처럼 우리는 모두 자신의 선함을 발견할 수 있도록 도와줄 사람을 목말라 한다.

지난해에 대한 성찰

 마태오와 나 데니스는 약 20년 동안 매년 여름에 호숫가에서 여섯 명의 예수회 회원들과 모임을 가졌다. 각각 반나절씩 할애하여 자신이 한 해를 어떻게 보냈는지 이야기하고 그것에 대한 다른 사람들의 반응을 들었다. 이것은 우리가 새롭게 나아갈 방향을 식별할 때 서로를 도울 수 있도록, 다른 사람이 우리 자신을 속속들이 잘 알기를 원했기 때문이다. 예를 들면, 마태오와 나는 우리가 이따금씩 하는 피정 동반이 우리에게 얼마나 큰 생명을 가져다주는지에 대하여 여러 차례 나누었다. 여러 해 동안 이 이야기를 들어 온 모임의 구성원들은 우리가 시간제 피정 일을 더 할 수 있도록 지금 하고 있는 일을 줄이는 것이 어떤지 제안했다. 마태오는 수 족 인디언들을 가르치고 있었고, 나는 예수회 공동체의 원장이었다. 우리가 그들이 한 식별에 대하여 관구장에게 이야기하자 그는 앞으로 15년 동안 시간제가 아니라 전담으로 피정 일을 하라고 했다. 이렇게 우리의 예수회 회원 모임은 그때부터 거의 20년이 지난 지금도 여전히 우리가 함께하고 있는 이 사도직의 발판이 되었다.

쉴라와 나는 결혼하고, 지난 20년 동안 내가 경험한 것을 함께 지속적으로 경험할 수 있도록 해마다 함께 모일 친구들, 우리 둘을 잘 아는 친구들을 몇 명 초대하기로 했다. 이 그룹을 만난다는 것은 1,000마일(약 1,609킬로미터 · 옮긴이 주) 이상 운전을 해야 한다는 것을 의미하지만 우리는 지금 막 여섯 번째 만남을 하고 돌아왔다. 친구들을 만나 삶을 돌아보는 연중 모임이 이번으로 적어도 스물여섯 번째인데도 나는 여전히 놀라움을 경험하였다. 이번 모임 바로 전에 우리의 열한 번째 책 「Good Goats: Healing Our Image of God」(1993)[*5]가 출판되었다. 이 책에서 우리는, 하느님께서는 적어도 우리를 가장 사랑하는 사람만큼 우리를 사랑하시며, 이는 하느님께서 결코 앙심을 품고 우리를 벌하지 않으심을 의미한다고 말했다. 우리는 사람들이 가진 하느님 상을 복수심에 불타는 처벌자에서 조건 없이 사랑하시는 분으로 바꾸는 것을 돕기 위하여 그 책을 썼다. 이는 우리가 부모의 특성들뿐 아니라 우리가 흠숭하는 하느님의 특성들도 그대로 본받는다는 것을 깨달았기 때문이다. 「Good Goats」(착한 염소)의 출판에 대하여 내가 느끼는 위안을 친구들과 나누면서, 지금 내가 삶의 목적을 완수한 것처럼 느낀다는 것이 확실해졌다. 나는 '이 목적만을 위해서 산다면 완성의 충만함을 느낄 것이다.'라는 내면의 소리를 들었다. 내 삶의 목적은 하느님께 좋은 평판을 드리는 것인 듯싶다. 하느님께 나쁜 평판을 드리는 종교적인 가르침들이 우리에게 두려움과 수치심을 느끼게 했는데 그런 두려움과 수치심을 불러일으켰던 요인들을 치유하는 것이 내 삶의 목적인 것 같다.

내가 지난해에 메마름이라고 느낀 것은 쉴라와 내가 콜로라도에 있는 우리 집을 스키 시즌 동안 임대하려고 준비하면서 보낸 시간이었다. 위안과 메마름의 대비를 통해 우리의 사도직은 마태오와 함께 책을 쓰고 피정 동반을 하는 것이지 집을 임대하는 사업이 아님을 다시금 깨달았다. 집에 돌아온 우리는 상당한 소득 감소가 있겠지만 낯선 사람들에게 우리 집을 빌려 주는 일을 더 이상 하지 않기로 했다. 친구들과의 스물일곱 번째 나눔을 통하여 또 어떤 놀라움을 경험하게 될지 보고 싶어서 우리는 벌써부터 내년의 1,000마일 여행을 기다린다.

미래를
치유하기

전화기를 타고 들려오는 앤의 목소리가 반쯤 혼이 나간 것 같았다.

"의사들이 나에게 간암이 재발되었고 더 이상 그들이 할 수 있는 것이 없다고 해요. 온 가족이 너무 긴장하고 불안해하고 거의 미칠 지경이에요. 와서 우리를 좀 도와줄 수 있겠어요?"

나 마태오가 앤의 집에 도착했을 때 집 안에 두려움이 전류처럼 흐르고 있었다. 그래서 나는 한 사람 한 사람에게 하나의 질문을 하였다. "앤의 죽음이 임박한 것에 대하여 당신이 가장 두려워하는 것은 무엇인가요?" 또는 "가장 적게 감사한 것은 무엇인가요?" 앤은 "저는 남편 알과 40년 동안 행복한 결혼 생활을 했는데 그를 혼자 두고 가는 것이 가장 두려워요. 그가 밤에 숨 막히게 기침을 할 때 누가 돌보아 줄까요?"라고 답했다. 알은 "저는 기침에 대해서는 걱정하지 않아요. 하지만 어떻게 하면 남은 시간을 앤에게 가장 행복한 순간으로 만들어 줄 수 있을지가 걱정이 되요. 그리고 곁에 앤이 없이 살아가야 한다는 사실이 두려워요. 우리는 사업상의 결정을 포함하여 모든 것을 함께했어요."라고 말했다. 딸 테레사는 "엄마, 저는 엄마가 마이클을 위하여 좋은 할머니가 되어 주길 바랐어요. 엄마는 저에게 좋은 엄마였는데 저는 어떻게 하면 제 아들에게 엄마처럼 좋은 엄마가 될 수 있는지 배우지 못할까 봐 두려워요."라고 했다. 미래에 대한 그들의 두려움이 구체적으로 무엇인지 이름을 붙이면서 이 가족은 그들에게 가장 의미가 있는 것이 무엇인지도 구체적으로 깨닫고 느끼게 되었다. 그것은 서로에게 사랑으로 함께하는 것이었다. 두려움으로 얼어붙었던 그들의 얼굴에 이제 감사와 연민과 사랑의 눈물이 흘렀다. 두려움을 나눔으로써 이 가족은 그 어떤 때보다도 더 가까워졌다.

그래서 나는 두 번째 질문을 하였다. "이 모든 것을 직면하면서 지금 여러분에게 도움이 되는 것이 무엇입니까? 다시 말해서, 여러분이 가장 감사한 것은 무엇입니까?" 앤은 백화점에서 성탄 쇼핑을 하던 중 어떤 여자가 새 외투를 올해가 아니라 내년에 구입하겠다고 하는 말을 우연히 들었는데 그때 눈물이 터져 나왔던 것에 대하여 이야기했다. "나에게는 상상할 수 있는 내년이 없어요. 그러나 이것은 내가 새 외투를 살 필요가 없다는 것도 의미해요. 내가 이미 가지고 있는 외투들과 다른 것들도 필요 없게 되겠죠. 그래서 내게 특별한 사람들에게 이유를 말하면서 저의 물건들을 나누어 주고 있어요. 내 것을 나누어 주는 것은 저에게 큰 기쁨이 되고 있어요."

앤의 며느리는 "어머니께서 주신 이 목걸이가 바로 그것이에요. 어머니께서 제 남편이 당신께 두 가지 특별한 선물을 했는데, 그중 하나는 그이가 8살 때 저금통을 털어서 산 이 목걸이이고, 다른 하나는 14년 후에 결혼해서 저를 가족의 일원이 되게 한 것이라고 말씀하셨어요. 저는 그때 어머니가 아주 가깝게 느껴졌어요. 어머니께서 당신의 아들과 저를 신뢰하신다는 것을 알기 때문에 저는 미래에 대한 두려움을 직면할 수 있을 거예요. 테레사가 마이클에게 좋은 엄마가 되는 것을 제가 도울 수 있을 거라고 생각해요."

다른 가족들도 그들이 함께 울고, 함께 기도하고, 함께 웃었던 특별한 순간들에 대하여 이야기를 나누었다. 이 가족은 한 가족으로서 미래를 직면하기 위하여 필요한 자원을 이미 가지고 있다는 사실을 깨달았다.

무엇이 활기를 주고 무엇이 활기를 앗아가는지에 대한 두 가지 성찰 질문을 할 때마다 미래가 치유된다. 나는 장차 무엇이 내 활기를 앗아갈 것이라고 두려워하고 있는가? 내가 그것을 직면할 때 무엇이 나에게 활기를 주는가? 미래에 내가 그것을 직면할 때 무엇이 내게 활기를 줄 것인가? 내가 나에게 필요한 것을 알고 내가 접근할 수 있는 자원에 대하여 알고 있으면 미래는 나를 두려움에 떨게 할 힘을 갖지 못한다. 그날 밤 내가 앤의 집을 나설 때 두 살배기 마이클조차 할머니가 안 계셔도 그에게 필요한 모든 사랑을 받을 것임을 알았다.

생의
마지막 성찰

 살면서 우리 대부분은 다음과 같이 자문할 때가 있다. "이것이 삶의 전부인가? 내가 다시금 살아 있다고 느끼기 위하여 무엇을 할 수 있을까? 일을 바꾸어야 할까? 학교에 가야 할까? 아니면 무엇을 해야 하지?" 이렇게 다양한 형태로 우리는 자기 삶의 목적을 제대로 수행하고 있는지 그렇지 않은지 자문한다. 우리는 전환과 위기의 때에 종종 삶의 목적에 집중하게 되는데, 예를 들면, 직업을 바꿀 때라든지 성인기 초기에서 중년기로 넘어가는 전환기와 같은 때이다. 사실 우리가 진정으로 우리 삶의 목적을 수행하고 있는지에 대한 질문은 보통 '중년의 위기'라고 일컫는 근본적 질문이다. 이 책의 앞부분에서 우리는 성찰이 어떻게 우리의 봉인된 명령, 곧 삶의 특별한 목적을 발견하도록 도와주는지에 대하여 이야기하였다. 삶의 마지막 성찰은 우리의 봉인된 명령을 깨닫게 되는 또 하나의 방법이다.

나 마태오가 샘을 알고 지낸 지는 20년이 되었다. 그는 늘 만성적인 걱정과 과로로 힘들어했고, 항상 탈진한 것처럼 보였다. 그런데 4년 후 그를 만났을 때 나는 샘의 평화로운 얼굴에서 무엇인가 내적으로 좋은 쪽으로 변화했다는 것을 알 수 있었다. 2년 전 피정에서 샘의 피정 동반자는 그에게 다음과 같은 제안을 했다.

> 기도할 때 지금 일흔다섯 살이며 죽어 가고 있다고 상상해 보세요. 당신 삶의 사건들이 눈앞에 주마등처럼 지나가는 것을 보세요. 당신이 감사한 것은 무엇인가요? 달리 했더라면 하고 바라는 것은 무엇인가요? 현재 당신의 나이와 죽음 사이에 남아 있는 시간에 특별한 주의를 기울여 보세요.

내가 본 샘의 변화에 대하여 언급하자 그는 말했다.

> 내 삶에 대한 마지막 성찰 작업을 한 후에 나는 컴퓨

터 모니터 앞에서 죽고 싶지는 않다는 것을 깨달았지. 내가 원하는 것은 여생을 알코올 중독자나 결손 가정의 가족들과 상담을 하면서 보내는 것이었네. 그래서 나는 컴퓨터 일을 그만두고 상담 학위를 따기 위하여 대학에 갔네. 그동안 나는 알코올 중독자들을 위하여 평신도 상담사로 일해 왔다네. 그 결정을 한 후에 나는 사는 것이 즐겁고 내가 이 세상에 보내진 목적대로 사는 것에 평화를 느낀다네.

샘의 변화를 본 후에 나도 마지막 성찰을 하기로 마음먹었다. 삶을 되돌아보면서 나는 저술 활동, 피정 동반, 영성 지도자 양성, 예수회 공동체 원장 등 당시 내가 하고 있던 모든 일에 대하여 감사했다. 그러나 그 안에서도 우선적인 것이 있음을 알았다. 내가 가장 감사한 것은 나를 사색하게 하고, 내가 죽은 후에도 계속 남아 있을 저술 활동이었다. 가장 덜 감사한 것은 원장직의 수행이었다. 나는 일흔다섯 살에 원장으로 죽음을 맞이하고 싶지는 않다! 이렇게 마지막 성찰을 한 뒤로 나는 글을 쓰는 것이 가장 힘든 일이라고 해도 그것을 가장 우선적인 일로 여기고 실천했다. 이전에 「Belonging: Bonds of Healing & Recovery」(소속감: 치유와 회복의 유대)를 쓰는 데 5년이 걸렸다. 그러나 생의 마지막 성찰 후에 우리는 단 2년 만에 이 책을 포함하여 세 권의 책을 더 썼다.

마지막 성찰을 통하여 나는 내가 부모님께서 아직 살아 계실 때 더 많은 시간을 그들과 함께 보내고 싶어 한다는 것을 깨달았다. 그런 원의에 따라 아버지와 함께 낚시를 하거나 정원을 가꾸는 것이 내가 우선적으로 해야 할 일이 되었다. 아버지께 마지막 성찰에 대하여 말씀드리자 "내게는 해당이 되지 않는구나. 나는 이미 여든세 살이니까."라고 하셨다. 그래서 나는 아버지께 그럼 지금 아흔다섯이고 죽음을 앞두고 있다고 생각해 보시라고 했다. 효과가 있었다. 아버지도 나와 함께 낚시를 하고 정원을 가꾸는 것을 우선적으로 할 일로 정하셨다.

그러니 여생을 충만하게, 더욱 즐겁게 살고 싶다면 당신도 지금 일흔다섯이고 죽음을 맞이하고 있다고 상상해 보기를 바란다. 지금 당신은 무엇에 대하여 감사한가? 당신이 가장 적게 감사한 것은 무엇이고, 삶에서 다르게 했었더라면 하고 생각하는 것은 무엇인가?

우리의 빵을
나누어 주기

 이 책은 2차 세계 대전 당시 오늘 먹은 것처럼 내일도 먹을 수 있음을 믿고 안심하게 해 주는 빵을 안고서 자는 고아들의 이미지로 시작하였다. 그들 중 많은 아이들이 강제 수용소에서 살아남을 수 있었던 유일한 까닭은 다른 죄수들이 자기의 마지막 빵 조각을 이 아이들에게 내주었기 때문이었다. 빅터 프랭클은 자신의 책에서 이 빵이 어떻게 단지 생존만이 아니라, 희망과 내적 자유를 가져왔는지 다음과 같이 기술한다.

> 강제 수용소에서 살던 우리는 자신의 마지막 빵 조각을 내주면서 다른 사람들을 위로하며 막사 사이를 지나던 사람들을 기억한다. 단지 극소수의 사람들만이 그랬을 수 있다. …하지만 그들은 인간은 모든 것을

빼앗길 수 있지만 한 가지 예외가 있고 그것은 바로 한 인간의 마지막 자유라는 것을, 곧 주어진 어떤 환경에서도 자신의 태도를 선택하는 자유, 자신의 길을 선택하는 자유는 결코 빼앗길 수 없다는 것을 증명하는 데 부족함이 없다.*6

우리가 빵과 함께 잠들 때 우리는 어떤 상황에서도 자기 자신의 길을 선택할 수 있는 힘을 얻게 된다. 우리는 자신에게 생명과도 같은 빵을 다른 사람들에게 줄 수 있었던 강제 수용소 사람들을 닮게 된다.

주註

*5 「우리의 하나님 이미지 치유하기」, 최승기 역, 은성, 2007

*6 「죽음의 수용소에서」, 빅터 프랭클, 청아출판사, 2005

3부

질의 응답

성찰 과정에 대하여 궁금한 점이 있는가? 다음은 사람들이 우리에게 가장 자주 하는 질문들이다.

- 이러한 성찰을 계속하면 실수나 잘못된 결정을 하지 않게 되는가?

성찰은 일종의 보호 장치 역할을 하여 우리가 실수나 잘못된 결정을 하지 않도록 도와준다. 곧 성찰은 급하게 행동하기보다는 우리의 선택에 대하여 시간을 두고 숙고할 수 있는 기회를 제공한다. 중요한 결정을 내리기 전에 우리는 몇 주 또는 몇 달에 걸쳐서, 어떤 때는 여러 해에 걸쳐서 위안과 메마름의 유형을 주의 깊게 살펴볼 수 있다.

그러나 우리가 인간인 이상 절대로 실수를 하지 않거

나 잘못된 결정을 하지 않으리라는 보장은 없다. 성찰의 기능은 실수와 잘못된 결정이 배움과 성장의 기회가 되도록 도와주는 것이다.

예를 들면, 주일 저녁에 나 마태오가 가장 감사한 일은 고모가 돌아가셨을 때 밤샘을 하지 않고 다음 날인 월요일에 집에 머문 것이었다. 나는 위안을 느꼈고 3시간의 여행을 하지 않아도 된다는 것에 안도했다. 화요일에 있을 장례 예식을 준비하는 것이 시간을 더 유용하게 사용하는 것이라고 생각했다. 그러나 다음 날인 월요일에 나의 메마름은 밤샘을 하지 않고 집에 있었기 때문에 가족들을 만날 기회를 놓쳤다는 것이었다. 어떻게 전날 밤에는 위안이었던 것이 바로 다음 날 밤에는 메마름이 되는 그런 실수를 할 수 있다는 말인가?

이런 실수를 한 것은 주일 저녁에 많이 피곤했던 내가 "오늘 무엇에 대해 가장 감사하지?"라는 첫 번째 질문만 던지고 "오늘 무엇에 대해 가장 덜 감사하지?"라는 두 번째 질문을 하지 않았기 때문이었다. 두 번째 질문을 했더라면 나는 친가 쪽 마지막 고모의 죽음으로 이제 고모와 연결된 가족들과 모든 관계가 끊긴다는 슬픔과 두려움이 내 안에서 점점 커지는 것을 느꼈을 것이다. 그랬다면 나는 완벽한 장례 예식 준비에 대한 욕구보다 친척들과의 관계에 대한 욕구가 더 크다는 것을 알아차렸을 것이다. 이 경험을 통하여 나는 성찰 질문을 하나만 하는 것보다는 둘 다 하는 것이 실수를 피하는 데 도움이 된다는 것을 배웠다.

성찰을 통하여 우리는 실수와 그릇된 결정을 피할 가능성을 높일 수 있으며, 실수를 했을 때에는 실수한 것을 더욱 빨리 발견하게 해 준다. 그러나 성찰이 우리에게 주는 가장 큰 선물은 실수와 잘못된 판단을 배움과 성장의 기회로 바꿀 수 있도록 도와준다는 것이다.

- 당신은 위안뿐 아니라 메마름에도 귀를 기울이도록 격려한다. 나는 메마름에는 저항하거나 그 반대 방향으로 나아가도록 배웠다. 당신이 반대되는 이야기를 하는 이유는 무엇인가?

메마름에 대한 우리의 태도가 당신이 배운 것과는 좀

다르다는 것에 동의한다. 하지만 우리가 배운 것 역시 지금 우리의 태도와는 좀 다르다. 과거에 우리는 메마름과 관련된 많은 욕구와 느낌들, 곧 음욕이나 화 등은 죄라고 배웠다. 하지만 그런 가르침의 본질은 자신이나 다른 사람들에게 해가 될 수 있는 방법으로 감정 표출을 하게 하는 충동을 제지할 필요가 있다는 것이다. 예를 들어, 음욕이 이끄는 그대로 행동한다면 그 결과는 문란한 성생활이 될 것이고, 분노의 감정이 시키는 대로 행동한다면 결과는 폭력으로 나타날 것이다.

그런데 이 가르침은 감정에 따라 행동하는 것과 그 감정에 귀를 기울이는 것을 자주 구분하지 않는다. 이 가르침은 우리가 어떤 감정에 저항하면 그 감정이 없어진다고 가정한다. 그러나 감정은 그렇게 기능하지 않는다. 감정은 무시당하거나 제지당하면 우리 안에서 점점 자라서 마침내 폭발할 가능성이 커진다. 폭발하게 되면 처음보다 훨씬 더 파괴적인 방법으로 행동하게 될 것이다. 부정적인 감정이나 메마름이 정말 원하는 것은 파괴적인 행동을 하는 것이 아니라 우리가 그들의 이야기를 들어주는 것이라고 믿는다. 그들의 이야기를 들어주면 그들은 만족하고 자연스럽게 조용해진다. 그런 후 우리가 한 걸음 더 나아가서 이야기에서 드러난 그들의 욕구를 충족시켜 주면 같은 메마름이 다시 나타나지 않을 것이다.

우리의 메마름이 품고 있는 이야기를 들어주는 것은 중요하다. 이는 이냐시오 성인처럼 위대한 영성 작가들의 가르침과도 일맥상통하는 면이 있다. 예를 들면, 이냐시오 성인은 어떤 유혹이든지 그것의 시작과 중간과 마지막을 살펴보고, '죄'라고 부르는 것의 뿌리를 찾아보라고 제안한다. 그렇게 하는 것이 바로 우리가 메마름이 하고자 하는 이야기를 듣기 시작하는 것이다. 어떤 방법이든지 그 과정이 우리로 하여금 그 이야기가 어떻게 시작되었으며(시작), 지금 어떻게 진행되고 있으며(중간), 어떻게 해결될 필요가 있는지(마지막)를 깨닫게 해 준다면, 그 과정은 우리의 메마름이 품고 있는 이야기가 무엇인지를 드러내도록 도와줄 것이다. 무의식의 본질 곧 정서의 역동성과 정서적인 상처의 영향에 대한 이해를 도와주는 현대 심리학은 우리 메마름의 이야기를 들을 수 있는 도구를 제공해 준다. 잠시 후에 쉴라는 알렉스와 관계에서 경험한 메마름이 품고 있는 이야기를 듣기 위하여 그러한 도구 가운데 하나를 어떻게 사용했는지를 좀 더 자세히 설명할 것이다. 이냐시오 성인은 메마름이 품은 이야기를 들을 필요가 있다는 것을 직관으로 알았지만 그에게는 이러한 도구들이 거의 없었다.

• 메마름에 머무르고 싶지 않다면 또는 그 이야기를 듣는 것이 두렵게 느껴진다면 어떻게 하는가?

궁극적으로 우리를 치유하는 것은 사랑이므로 우리가 느끼는 저항과 두려움 한가운데서 우리 자신이 사랑받는 것을 허용하는 것으로 치유를 시작할 수 있다. 가장 중요한 것은 우리의 메마름을 이해하는 것이 아니라 우리 자신이 사랑받는 것을 받아들이는 것이다. 때로 우리가 메마름이 하는 이야기에 귀를 기울일 수 없는 이유는 그것이 너무나 고통스럽거나 위협적으로 느껴져서 그 이야기를 직면하는 것이 안전하지 않다고 느끼기 때문이다. 이런 경우에는 잠시 동안 메마름을 이해하려는 노력을 중단하고 우선 사랑을 받아들이도록 해야 한다. 예를 들면,

안전하게 느끼기 위해서 먼저 친구와 여러 차례 이야기를 하는 것이 필요할지도 모른다. 그런 후에 메마름은 자연스레 자신의 이야기를 우리에게 펼쳐 보일 수 있을 것이다.

우리는 본질적으로 우리의 경험이 들려주는 이야기를 듣게 되어 있다. 그러나 대부분 우리는 고통을 피하거나 부인하라고 가르치는 가정 환경과 문화를 통해 메마름이 우리에게 말하고자 하는 것을 억압하거나 거부한다. 성찰은 이 기술을 다시 배울 수 있는 방법이다. 우리가 매일 성찰을 한다면 메마름이 우리에게 말하려고 애쓰는 것이 무엇인지를 더 잘 들을 수 있게 될 것이다. 따라서 지속적으로 오랜 기간 성찰을 하는 것만으로도 메마름이 말하고자 하는 것을 의식하고 깨달을 수 있는 능력이 향상될 것이다.

- 내가 나의 메마름이 말하고자 하는 것을 이해하지 못한다면 어떻게 하는가?

당신의 메마름이 가장 하고 싶어 하는 말은 보통 "나는 당신 스스로 언제나 자신에게 가장 큰 위안을 가져다주는 것을 더 많이 하기를 원해."이다. 그러므로 당신의 메마름이 말하고자 하는 것에 대한 대답은 바로 당신의 위안에서 찾을 수 있을 것이다. 하루 중 감사를 느끼는 것은 대개 우리에게 필요한 에너지를 주며, 우리가 가장 적게 감사하는 것은 보통 충족되지 않고 좌절된 욕구와 관련이 있다. 따라서 위안은 메마름 뒤에 있는 충족되지 않은 욕구를 드러내 주고 그 욕구를 충족시키도록 도와줄 것이다.

예를 들면, 앞에서 우리는 여러 달 동안 히스패닉 사람들과 어울릴 때마다 느끼는 위안에 어떤 패턴이 있음을 깨달았다고 말했다. 우리는 우리에게 위안을 가져오는 것을 더 많이 하기 위하여 볼리비아로 가서 스페인어를 배우고 3년 동안 라틴 아메리카에서 피정 동반을 하기로 결정했다.

나 데니스는 이제야 내가 라틴 아메리카에 가는 것이 왜 중요했는지 이해한다. 여러 해 동안 나의 메마름은 내적으로 느끼는 것을 외적으로 표현할 수 없다는 것이었다. 이 증세는 다음과 같이 나타났다. 나는 언제나 음악을 사랑했음에도 내 마음에 있는 것을 한 번도 음악에 맞추어서 몸으로 표현할 수 없었다. 나는 내가 춤추는 것을 배울 수 있으면 그만큼 치유가 될 것이라는 것을 알고 있었다. 라틴 아메리카에 있는 동안 나는 히스패닉 사람들이 내적으로 느끼는 것을 외적으로 표현할 수 있는 재능을 가진 사람들임을 알게 되었다. 어떤 면에서 그들은 항상 춤을 추고 있다고 할 수 있고, 그들은 나에게 어떻게 그렇게 할 수 있는지를 가르쳐 주었다. 라틴 아메리카에서 돌아왔을 때 나는 내 생애 처음으로 운율을 타며 몸을 움직일 수 있었다.

위안이 제시하는 대로 라틴 아메리카로 가기로 결정했을 때 이 결정이 어떻게 나의 메마름이 가장 필요로 하는 것, 곧 춤추는 능력을 갖게 해 줄 것인지 전혀 짐작도 하지 못했다. 이 경험을 통하여 내게 가장 큰 위안을 주는 것을 일관성 있게 더 많이 실행한다면 그때마다 메마름이 내게 말하고자 하는 것의 중요한 부분을 확실하게 듣게 된다는 것을 알게 되었다.

나 마태오는 메마름이 무엇을 말하고자 하는지 이해하지 못할 때는 가끔 성찰 질문을 바꾸어 주는 것도 도움이 된다는 것을 알았다. 예를 들면, 나는 메마름이 비관적이고 부정적일 때 일어난다는 것을 하루가 끝날 때 자주 깨닫는다. 이 유형을 탐색해 보고 싶을 때 나는 성찰 질문을 다음과 같이 바꾼다.

오늘 내가 비관적·부정적이 되지 않도록 가장 크게 도움이 된 것은 무엇인가?
오늘 내가 비관적·부정적이 되는데 가장 크게 영향을 준 것은 무엇인가?

지난주에 질문을 바꾸자 내가 무엇인가를 할 때 그것을 즐기기enjoy보다는 그것을 해야만should 했기 때문에 네 번이나 비관적이고 부정적이 되었다는 사실을 깨달았다. 예를 들면, 나는 도서관에 갈 때 단지 자전거 타는 것을 좋아하기 때문에 자전거를 타고 갔다. 그런데 집으로 돌아오는 길에 "도서관에서 너무 많은 시간을 보냈으니 더 빨리 가야 한다."는 생각이 들기 시작했다. 그 즉시 평화롭고 여유로운 마음은 사라지고 초조하고 불안해져서, 도로에 난 구멍들이며 생각 없는 운전자들, 손질되지 않은 잔디 등을 불평했다. 그러다가 자전거 타는 것을 즐기는 마음으로 돌아가자 다시 평화로워졌다. 그 평화로움은 그날 저녁에 있었던 힘든 회의 중에도 내 안에 머물러 있었다.

또한 지난주에 기다려야만 하는 상황에 처했을 때 나는 이러한 '해야만 해'should 패턴이 구체적으로 어떻게 부정적인 성향을 부추기는지를 알게 되었다. 어느 날 식료품 가게에서 계산을 하려고 줄을 서서 기다리고 있었다. 그때 엄청나게 많은 쿠폰을 사용하려고 하는 여자를 보고 화가 났다. 그 여자가 내 앞에 있다고 생각했기 때문이었는데 사실은 그렇지도 않았다. 나는 속으로 다음과 같은 부정적인 말들을 하기 시작했다. "넌 바보 같이 또 가장 긴 줄에 서서 시간을 낭비하고 있어." 이 말 저변에는 '해야만 해'가 깔려 있었다. "넌 빨리 이 줄에서 벗어나야만 해. 그래야 집에 가서 좋은 시간을 가질 수 있어."라고. 좋은 시간을 가지려는 노력까지도 나를 '해야만 해'라는 덫에 걸리게 할 수 있다. 내가 목요일 아침 나누기 모임에서 이 이야기를 했을 때 모두가 웃었고 나 또한 웃었다. 이제 나는 다음번에 가장 긴 줄에 서게 되었을 때 나 자신에 대하여 웃을 수 있다고 확신한다.

또한 지난주에 나는 내가 비관적이고 부정적이 되지 않도록 무엇이 나를 가장 많이 도와주는지 알게 되었다. 그것은 필요한 것을 요청하거나 내 욕구를 위하여 시간을 내는 것이었다. 예를 들면, 나는 일주일 내내 계속해서 글쓰기에만 집중하지 않고 주중 세 번은 오후에 휴식을 취하고 수영을 할 필요가 있다고 마음먹었다. 어떤 때는 데니스에게 "조금 전에 내게 말한 일에 대해 이야기하고 싶어. 그 일로 나 상처받았거든."이라고 말하기도 했다. 필요한 것을 요청하고 나의 욕구를 돌보는 시간을 냈을 때, 사람들이 나의 필요가 무엇인지 짐작하지 못했다는 이유로 또는 표현하지 않은 나의 기대를 충족시키지 못했다는 이유로 그들에게 지나치게 부정적이 되지 않을 수 있다. 그러나 여전히 나에게는 필요한 것을 요구하는 일이 어렵다. 이것 또한 어린 시절에 학습한 '해야만 해', 곧 '너는 다른 사람을 돌보기 위하여 네가 필요한 것은 제쳐 두는 사랑스러운 사람이 되어야만 해.'에

뿌리를 둔다.

지난주 나는 부정적인 성향에 귀를 기울임으로써 알게 된 것을 살펴보면서 이번 주에는 성찰 질문을 다양하게 바꾸어 보았다.

오늘 중 언제 나는 내가 필요한 것을 요청했는가? 오늘 중 언제 나는 내가 필요한 것을 요청하지 않았는가?

또는 이렇게도 질문할 수 있다.

오늘 중 언제 나는 무엇인가를 해야만 하기 때문이 아니라 즐겁기 때문에 했는가? 오늘 중 언제 나는 무엇인가를 즐겁기 때문이 아니라 해야만 하기 때문에 했는가?

이와 같이 나의 비관주의와 부정적 성향의 패턴을 일주일 동안 돌아보면서 그런 성향이 품은 이야기에 귀를 기울였다. 곧 무엇이 나를 그렇게 만드는지, 무엇이 나를 그런 상태에 머물게 하는지, 무엇이 그것을 해결해 주는지에 대한 이야기에 귀를 기울였다. 그 결과 내가 이번

주에 더 많이 해야만 하는 것은 수영과 나눔과 필요한 것을 요구하는 것임을 알게 되었다. 그리고 해야 하는 것이 한 가지 더 있었는데 그것은, 바로 앞 문장과 이 문장에서 사용하고 있는 '해야만 해'라는 표현을 없애는 작업이다. 다음 주 성찰 질문은 "내가 즐겁기 때문이 아니라 해야만 하기 때문에 하는 것은 무엇인가?"로 바꾸려고 한다.

- 메마름을 잘 듣기 위하여 특별히 도움이 될 만한 다른 방법들이 있는가?[*7]

우리에게 가장 도움이 되는 것은 '초점 맞추기'라고 부르는 기도의 한 과정으로, 이것은 우리가 몸을 통하여 들을 수 있도록 도와준다. 의식적으로는 우리가 메마름의 이야기를 알아듣지 못할 때에도 몸은 알아듣는다. 몸은 우리가 하는 모든 경험이 어떤 의미를 가지고 있는지 기억하기 때문이다. 예를 들면, 나 쉴라는 알렉스와의 관계에 대한 이야기가 품고 있는 나의 메마름과 위안이 무엇인지 잘 듣기 위하여 초점 맞추기를 했다.

이 과정의 첫 번째 단계는, 내가 알렉스와의 관계를 치유하려는 노력을 포기하겠다는 생각을 할 때마다 느꼈던 메마름을 다룰 때 했던 것처럼 자신 안에서 들어 주고 돌보아 주어야 할 필요가 있는 부분을 알아차리고 거기 머무는 것이다. 그런 후에 바로 지금 그 부분에 머물러 귀 기울이기를 원하는지 자문해 본다. 대답이 '아니오'라면 그 대답을 고치거나 바꾸려고 하지 말고 그냥 그 '아니오'와 함께 머문다. 중요한 것은 무엇을 해야 한다고 절대로 강요하지 말고, 그 대신 있는 그대로, 그 모습 그대로의 자신을 돌보는 것이다. 대답이 '예'라면 다음 단계는 마치 사랑하는 친구를 맞이하기 위하여 집을 정돈하는 것처럼, 또는 상처 입은 아이나 애완동물을 두 팔을 벌려 환영하는 것처럼 자신 안의 이 부분이 말해도 안전하다고 느낄 수 있는 사랑이 가득한 환경을 만드는 것이다.

일단 안전한 내적 환경을 조성하고 난 후에 그 모든 문제를 어떻게 자신의 몸 안에 담고 있는지 인식해 본다. 내 경우에는 어떤 문제 안에서 단어나 이미지, 기억의 단편 또는 신체적인 느낌 등을 통하여 이야기를 시작했다. 알렉스와의 관계를 내가 어떻게 몸 안에 담고 있었는지를 깨닫게 되면서 가슴에는 통증이, 목에는 덩어리 같은 것이 느껴졌다. 이런 느낌들에 깊이 머무르자, 그것은 내가 내 안에 갇혀 있는 무엇인가로 인해 숨이 막히고 있다는 느낌으로 변했다. 또한 이 느낌에 머물렀을 때 '나는 고통과 감사로 숨이 막힌다. 나는 알렉스에게 그가 나에게 얼마나 큰 상처를 주었는지 말해야 하며, 그가 나에게 준 모든 것에 대하여 감사해야 한다.'라는 말들이 떠올랐다. 이러한 느낌들을 사람들이나 알렉스와 나누는 것을 상상하던 때를 생각하면, 가슴과 목이 편해지고 메마름은 위안으로 바뀌었다. 나의 몸은 나의 의식적인 마음조차 몰랐던 메마름이 말하려고 하는 것을 알고 있었다.

우리는 피터 캠벨과 에드윈 맥마혼의 책에서 초점 맞추기에 대해 배운 것을 응용하고 있다. 이 과정을 밟고 싶다면 다음의 단계들을 따르면 된다.

초점 맞추기 기도의 과정

1. 눈을 감고 편안하게 앉는다. 의식적으로 몸의 중앙으로 내려가, 거기서 무엇이 느껴지는지 알아차린다.
2. 메마름(또는 위안)의 경험을 의식한다.
3. 그 경험이 하는 말을 지금 당장 듣기를 원하는지 자문해 본다. 그 경험과 시간을 좀 보내는 것이 괜찮은가? 그렇지 않다면 지금 당장 그 경험과 시간을 보내고 싶어 하지 않는 그 느낌을 돌보도록 한다.
4. 삶의 이 영역에 대해 시간을 보내는 것이 괜찮다면 시간을 내서 그 경험을 자세히 들여다보고 경청하는 것이 안전하게 느껴지도록 사랑의 분위기를 만든다. 예를 들어, 가장 친한 친구가 집에 놀러 온다면 친구를 맞이하기 위하여 집을 어떻게 정돈하는가? 상처 입은 아이나 애완동물에게는 어떻게 손을 내미는가?
5. 이제 이 모든 것이 자신 안에서 어떻게 느껴지는지 그 느낌 안으로 침잠한다. 몸의 어디에서 그 느낌이

느껴지는가? 가슴에 통증을 느낄 수도 있고 목에 뭔가 걸려 있는 것처럼 느낄 수도 있고, 속이 안 좋을 수도 있고, 다리가 후들거릴 수도 있다.

6. 이 느낌을 잘 돌보고 그 느낌이 낱말이나 이미지나 상징 등을 통하여 자신에 대해서 무엇을 말하고 싶어 하는지 살펴본다. 어쩌면 그 느낌은 어린아이의 모습으로 다가오려고 할지도 모른다. 어쩌면 자신의 이름을 알려 주고, 언제 어떻게 성장했는지 자신의 역사를 들려주고, 자기에게 필요한 것이 무엇인지 이야기하려고 할지도 모른다.

7. 그것이 무엇이든, 바꾸거나 고치려고 하지 말고 손을 내밀어 돌보아 준다. 아니면 그저 손을 몸의 그 부분에 따뜻하게 올려놓는다. 원한다면 예수님이나 하느님(당신이 이해하는 대로의)께, 또는 자신이 신뢰하는 사람에게 가서 그 부분을 돌보는 것을 도와달라고 청한다.

8. 나중에 다시 와서 그 부분이 하고 싶은 이야기를 더 들어줄 것이라고 말한다.

9. 끝내기 전에 자신의 몸이 시작할 때와 비교해서 어

떻게 다르게 느껴지는지 알아차린다. 이제는 몸이 이 문제를 전과는 다르게 품고 있는가?

• 같은 메마름이 자꾸 반복해서 나타나면 어떻게 하는가?

매일 반복되는 메마름을 통하여 우리는 일상사 안에서 계속하여 우리의 주의를 끌려고 하는 근본적이고 미해결된 상처가 있음을 깨닫게 된다. 그럴 때에는 다음과 같은 질문이 도움이 될 것이다. "과거에 이런 느낌이 가장 강했던 때가 언제였지?" 예를 들면, 우리가 누군가의 죽음에 대하여 들었을 때 또는 장례식장에 갔을 때 매번 강한 메마름을 느낄 수 있다. "내가 어느 과거의 순간에 언제 이런 감정을 강하게 느꼈었지?"라고 자신에게 물어보면 어쩌면 여러 해 전에 돌아가신 어머니의 죽음을 충분히 슬퍼하지 못했던 기억이 떠오를 수도 있다.

가장 작은 메마름도 근본적이고 깊은 상처들을 깨닫게 해 줄 수 있다. 예를 들면, 나 마태오의 메마름은 비관적이고 부정적인 나의 태도와 관련이 있을 때가 많다고 말했다. 특히 줄을 서서 기다려야만 할 때 쉽게 그렇게 된다. 지난주에 식료품점 계산대 앞 긴 줄에 갇혀 있을 때 나는 과거 언제 이런 느낌을 가장 크게 받았었는지를 자문해 보았다. 어린 시절 운동 경기에 나갈 팀에 뽑히기 위하여 줄을 서서 기다리던 순간들이 모두 생각났다. 키가 가장 작았던 나는 늘 마지막까지 기다려야 했고, 그러한 사실에 화가 나고 무력감을 느꼈다. 식료품점에서 줄을 서서 기다릴 때 나는 어린 시절 그랬듯이 마지막 순서가 되는 것에 대하여 다시금 화가 나고 무력감을 느꼈던 것이다.

우리가 쓴 대부분의 책들은 이러한 아픈 기억들을 치유하기 위하여 기도하는 방법들을 담고 있다. 어떤 경우에 반복되는 메마름은 심리 치료와 같은 외부의 도움을 받으라는 격려의 신호일 수도 있다. 또한 비슷한 메마름으로 근심하고 있는 사람들, 치유를 원할 때 서로를 격려해 줄 수 있는 사람들이 있는 지지 모임에 참여하기를 원할 수도 있다.

- 왜 메마름에 귀를 기울여야 하는지 설명을 들었다. 그러나 위안에도 그렇게 귀를 기울여야 하는지에 대하여는 그다지 확신이 없다. 위안을 따르는 것이 문제를 일으키지 않을까? 예를 들어, 내가 흡연을 하고 과로하고, 친구들과 술을 마시고 부적절한 사람과 성관계를 맺을 때 위안을 느끼면 어떻게 하는가?

화와 같은 메마름의 느낌에 귀를 기울이는 것과 화를 행동에 옮기는 것을 구분하듯이, 위안에 대하여도 구분할 필요가 있다. 무엇인가가 우리를 움직이거나 끌어당긴다고 해서 바로 그것을 취하는 것이 적절하다는 뜻은 아니다. 예를 들면, 우리는 이웃의 아내나 남편에 대한 생각으로 위안을 느낄 수는 있지만 그것이 그 사람과 바람을 피우는 것이 적절하다는 뜻은 아니다. 그러나 이러한 위안의 움직임에 귀를 기울이고 그것이 하는 이야기를 꼭 들을 필요가 있다. 아마도 그런 마음의 움직임은 우리가 결혼 생활에서 회피하고 있는 문제가 있음을 말해 주거나 이웃집 사람이 미처 의식하지 못한 자신의 여성성(또는 남성성)을 상징한다고 일깨워 줄 것이다. 다시 말해, 위안은 진정한 만족을 줄 수 없는 욕구에 의해 가려진 진짜 욕구가 무엇인지를 발견하도록 안내해 준다.

이것이 바로 중독의 역동성이다. 사람들과의 친교와 자존감과 같은 깊은 내적 욕구를 술이나 어떤 물질, 과로나 다른 일로 대체하는 것에서 중독의 역동성이 드러난다. 앞서 내적인 움직임의 시작과 중간과 끝에 귀를 기울이는 이냐시오의 원리에 입각하여 어떻게 메마름의 이야기를 들어야 하는지 설명했다. 위안에 귀를 기울일 때도 같은 원리를 적용할 수 있다. 예를 들면, 술은 무엇인가를 기념하고 축하할 때 도움을 주는 좋은 것이다. 그러나 이렇게 좋은 것도 모든 사람에게 지속적으로 똑같이 위안이 되는 것은 아니다. 회복 중인 알코올 중독자는 자신이 술을 마실 수 없음을 파티 시작부터 잘 안다. 그에게 술은 시작부터 메마름을 가져온다. 한편 그의 친구는 처음 한두 잔은 즐길 수 있지만 시간이 지나면서 서너 잔을 더 마시고 나면 울렁거림, 곧 메마름을 느낄 것이다. 또 어떤 사람은 어느 정도까지 원하는 만큼 마실 수는 있지만, 너무 많은 시간을 친구들과 보내 결혼 생활에 문제를 만들 수도 있다. 반면 어떤 사람은 술을 적당히 마시고 부정적인 결과를 초래하기 전에 중단할 것이다. 이 사람에게 술은 삶의 목적을 수행하는 데 아무런 방해도 되지 않으며, 여든 번째 생일 파티를 열 때 자신이 택한 삶의 방향을 축하하는 데 도움이 될 수도 있을 것이다. 이와 같이 처음에는 어떤 것을 통하여 위안을 느끼더라도 그 위안이 진정한 위안인지 또는 지속성이 있는지 알기 위하여 그 과정에 귀를 기울일 필요가 있다.

• 삶의 목적 또는 우리의 봉인된 명령이 변하기도 하는가?

우리는 그렇지 않다고 생각한다. 그러나 봉인된 명령에 대한 우리의 이해는 변화하고 진화한다. 예를 들면, 지난 20년 동안 나 데니스는 내가 받은 봉인된 명령을 묘사하기 위하여 공동체 촉진자, 화해자, 치유자라는 단어를 사용하다가 어느 시기에는 춤추는 심장, 최근에는 좋은 평판을 하느님께 드리기라는 표현을 사용하게 되었다. 새로운 단어나 구절이 이전의 것을 없애지 않는다. 오히려 새로운 것은 이전의 것을 기반으로 그 위에 세워

진다. 이것은 마치 나무가 자라면서 가지가 뻗어 나가는, 각각의 가지가 갈라져서 새로운 가지들을 만드는 떡갈나무와 같다. 새로운 가지들이 만들어지지만 우리 삶이라는 나무는 그대로 남아 있다.

- 삶의 방향을 발견하려고 노력하면서 하느님의 말씀을 듣는 것인지 아니면 나 자신의 말을 듣는 것인지 어떻게 알 수 있는가?

하느님께서는 우리의 가장 깊은 경험 안에서 말씀하신다. 따라서 성찰할 때 우리는 하느님과 우리 자신 둘 다에 귀를 기울이고 있는 것이다. 우리 안에 현존하시는 하느님께 귀를 잘 기울이고 있는지 아닌지는 그 열매가 하느님 같은지 아닌지를 보면 알 수 있다. 즉, 더 예수님처럼 생각하고 행동하게 되었는지를 보면 된다. 영적인 과정이나 움직임의 척도는 그것이 우리를 예수님처럼 되도록 돕는지 아닌지에 있다. 예를 들면, 교회의 심문자들이 잔 다르크 성녀를 심문할 때 "당신의 비전은 단지 상상일 뿐이다."라고 비난했다. 성녀는 자신의 비전이 예수님께서 그렇게 하셨듯이 사랑을 주고받도록 이끈다는 것을 알고 있었기 때문에 "당연히 하느님께서는 저의 상상을 통하여 말씀하십니다! 그밖에 어떤 방법으로 하느님께서 제게 말씀하실 수 있겠습니까?"라는 말로 자신의 내적 경험을 옹호하였다.

• 경험에 귀를 기울이는 것을 강조하는 것은 교회의 전통이 지닌 지혜나 교권이나 성경을 무시하거나 그에 반하는 위험이 있지 않은가?

교회의 전통·교권·성경은 하느님 계시의 원천이다. 위안과 메마름을 통하여 표현되는 우리 삶의 경험도 또한 하느님 계시의 원천이다. 성찰은 삶이 우리에게 말하고자 하는 모든 것을 경청하도록 도와주기 때문에 우리는 성찰을 통하여 이 모든 진리의 원천에 열린 마음으로 다가간다. 이러한 이유로 이냐시오는 트리엔트 공의회에 참석한 예수회 신학자들이 하느님의 진리를 경청하는 방법으로 매일 성찰을 하도록 격려했다.

진리의 다양한 원천 때문에 때로는 우리가 듣는 것들 사이에 모순이 있는 것처럼 여길 수 있다. 이런 경우에 우리는 창조적인 방법으로 진리의 두 가지 다른 면이 화합할 수 있는 해결책이 나오기를 기다리면서 이 모순으로 인한 긴장과 더불어 살아야 한다. 유다인 박해, 노예제도 지지, 종교 재판, 갈릴레오의 우주 관찰에 대한 교회의 반응 등과 같이 교권이 잘못할 때도 있다. 이러한 잘못들은 개인이 자신의 양심을 따랐기 때문에 결국 바로잡혔다. 교회는 개인의 양심을 격려하는 지혜로운 오랜 전통이 있다. 이 전통은 안티오키아에서 첫 번째 교황 베드로에게 공적인 자리에서 정면으로 반대하는 바오로 사도의 이야기까지(갈라 2,11-14) 거슬러 올라간다. 제2차 바티칸 공의회 문헌 '종교 자유에 관한 선언' 「인간 존엄성」에서는 다음과 같이 말한다.

> 인간은 자기 양심을 통하여 하느님 법의 명령을 깨닫고 받아들인다. 그러므로 인간이 자기 목적인 하느님께 이르려면 자신의 모든 행위에서 양심을 충실히 따

라야 한다. 따라서 인간은 자기 양심을 거슬러 행동하도록 강요받아서는 안 되며, 특히 종교 문제에서 자기 양심에 따라 행동하는 데 방해를 받아서는 안 된다.

존경받는 존 헨리 뉴먼 추기경은 특히 교회 내 양심의 권리에 대한 위대한 옹호자였다.

어떤 가톨릭 작가들은, 인간의 양심이 '제대로 형성' 되었을 때, 곧 양심이 교권의 관점과 일치할 때만 자기 양심을 자유롭게 따를 수 있다고 양심의 자유를 희석한다. 그러나 뉴먼 추기경이 설명한 양심의 자유가 의미하는 것은 우리에게 많은 깨달음을 준다. 뉴먼 추기경은 노포크 공작에게 보내는 서한에서 다음과 같이 말한다. 교황이 영국의 모든 사제에게 술을 마시지 말라고 지시하거나 영국의 모든 본당에서 로또를 실시하라고 명령한다고 하자, 그런데 식사 후에 와인 한 모금을 마시는 것을 좋아하는 어떤 사제 또는 마음으로부터 도박은 죄라고 느끼는 어떤 사제가 있다고 하면, 그는 무엇을 해야 하는가? 추기경은 그 사제가 자신의 의견이 옳든 그르든 상관없이 교황에게 순명하면 그는 어느 쪽을 택하든지 죄를 짓게 된다고 말했다. 뉴먼 추기경은 이 서한을 다음과 같은 유쾌한 논평으로 끝낸다. "이런 일이 있을 것 같지는 않지만 그래도 만일 내가 식사 후 건배를 하는데 종교를 언급해야만 한다면 나는 교황님을 위하여 건배를 할 텐데, 괜찮으시다면 그래도 먼저 양심을 위하여, 그 다음에 교황님을 위하여 건배를 할 것입니다."[*8]

뉴먼 추기경의 말처럼, 위안을 가져오는 와인 한 모금이든 메마름을 가져오는 도박이든 양심에 귀를 기울일 수 있는 한 가지 방법은 우리의 위안과 메마름의 목소리에 귀를 기울이는 것이다.

교계 제도는 그리스도교 2000년 역사의 전통이 지닌 지혜, 어느 누구도 혼자 힘으로 재창조할 수 없는 그 지혜를 대변하고 옹호할 책임이 있다. 그러나 전통은 살아서 진화하는 것으로, 우리 각자가 교회 전통의 축적된 지혜에 무엇인가를 보탤 수 있다. 오늘날 교회가 유다인 및 다른 비그리스도인들의 종교의 자유를 적극적으로 보호하고, 노예 제도를 단죄하고, 갈릴레오에 대한 처우에 대하여 사과할 수 있었던 것은 바로 개개인이 양심을 따랐고 공적인 교회가 결국은 그들에게 귀를 기울였기 때문이다.

- 소속된 교회 내에서 다른 사람들과 의견이 일치하지 않을 때 누가 옳은지 어떻게 알 수 있는가?

이 질문은 불일치의 상황에서 한편은 옳고 다른 한편은 그르다고 전제한다. 때로는 그런 경우도 있지만 실상 양편을 주의 깊게 들어 보면 양쪽 모두 단편적인 진실을 가진 상황일 때가 더 많다.

예를 들면, 사도행전(21,10-14)에서 바오로도 하가보스도 각자 성령의 말씀을 들었다고 주장하며 의견이 갈라진다. 하가보스는 성령께서 바오로가 예루살렘으로 가면 감옥에 갇힐 것이라고 말씀하시는 것을 듣는다. 따라서 하가보스의 말을 들은 사람들은 바오로에게 예루살렘으로 가지 말라고 경고한다. 그러나 바오로는 같은 성령께서 예루살렘으로 가라고 말씀하셨다고 응답한다. 그러므로 처음에는 하가보스도 바오로도 성령의 말씀을 제대로 듣지 못한 것처럼 보인다. 그러나 양쪽 다 진실의 한 면을 가지고 있다. 바오로의 말처럼 하느님께서 그가 예루살렘에 가기를 정말로 원하신다는 것도 진실이다. 마찬가지로 하가보스의 말대로 바오로가 예루살렘에서 감옥에 갇히게 되는 것도 사실이다. 하느님께서는 바오로에게 머지않아 체포될 것을 경고하고 싶으셨던 것 같다. 그래서 그 일이 실제로 일어날 때 하느님께서는 바오로가 그 일이 일어날 줄 알고 그 일 또한 하느님의 돌보심 아래서 일어나는 일임을 알기를 원하셨던 것 같다.

바오로와 하가보스처럼 성령께 귀를 기울이는 사람들은 서로 다른 것을 들을 수 있다. 종종 해결점은 양편이 저마다 보존하고자 하는 근본적인 가치를 깨달을 때 발견된다. 바오로와 하가보스의 경우 근본적인 가치는 하느님의 변치 않는 돌보심을 깨닫는 것이었다. 논란이 되는 문제로 산아 제한을 들 수 있다. 많은 가톨릭 신자들이 그렇듯이 우리 역시 모든 인위적 산아 제한을 금지하는 교회의 입장에 동의하지는 않는다. 그러나 우리는 이 문제에 관한 교회의 입장 그 바탕에 깔린 가치, 곧 성性과 모든 생명이 가진 본질적인 신성에 동의한다. 우리는 사도직 안에서 이러한 가치를 증진시키려고 노력한다(생략). 우리는 많은 사람들이 위안과 메마름의 내적 움직임을 통하여 하느님의 목소리를 경청하고, 그들이 들은 것을 사람들과 나누고, 그런 노력들을 통하여 전체 교회가 근본적인 가치를 인지하고 실현하는 데 도움이 되는 매우 효과적이고 통찰력 있는 방법들을 많이 발견하기를 바란다.

- 때로 그리스도인들은 의견이 다를 때 서로 이야기조차 하지 못한다. 이런 때는 어떻게 하는가?*9

이런 일은 겉으로 보기에는 신학적 또는 성서적인 문제로 논쟁을 하는 것 같지만 실상은 개인적인 상처나 욕구의 표현인 경우가 종종 있다. 이러한 경우에는 보통 신학적 또는 성서적 논쟁이 도움이 되지 않는다. 도리어 근본적인 상처가 들려주는 이야기를 들을 필요가 있다.

예를 들면, 「Good Goats」(착한 염소)라는 책에서 쉴라와 나는 하느님께서 절대로 복수심에 우리를 지옥에 던져 벌하시는 분이 아니라고 했다. 엘렌은 이 책을 막 읽은 피정자를 동반하고 있었다. 그는 '조'라는 원로 사제였는데, 엘렌의 사무실에 들어와서 벽에다 그 책을 내동댕이치며 "나는 이 책이 싫소, 이 책은 이단이오!"라고 말했다.

엘렌은 우리의 신학을 옹호하는 대신에 조에게 나머지 피정 기간 동안 그와 하느님과의 관계에서 무엇이 그에게 위안과 메마름을 주었는지 돌아보도록 했다. 서서히 드러난 이야기는 다음과 같다. 어린아이였을 때 조는 아버지에게 자주 두들겨 맞았다. 조는 다른 어른들에게 도와달라고 했지만 아무도 그의 아버지에게 맞서거나 그를 보호하기 위하여 개입해 준 적이 없었다. 조는 하느님께서 사람들에게 상처를 준 사람들을 벌하신다고 배웠고, 그의 유일한 위안은 언젠가 하느님께서 그의 아버지를 지옥으로 보내, 그를 구타한 것에 대한 복수를 해 주실 것이라고 생각하는 것이었다.

조가 자신의 문제는 우리와의 신학적 이견이 아니라 자신의 삶에서 치유되지 않은 상처임을 깨달았을 때 그는 엘렌과 함께 치유를 위한 기도를 시작했다. 그러자 예수님의 치유하는 사랑을 체험하면서 아버지를 벌하고자 하는 욕구가 사라졌다. 조는 어린아이를 그토록 심하게 벌했다는 것은 아버지에게도 분명히 깊은 상처가 있었음을 의미한다는 것을 깨달았다. 이런 체험을 하면서 조는 아버지에 대한 연민을 느낄 수 있었고, 더 이상 아버지를 지옥으로 보내 복수를 해 주실 심판관으로서의 하느님 이미지를 가질 필요가 없게 되었다.

어린아이로서 조의 위안은 하나의 진실을 보여 준다. 곧 하느님은 그의 고통에 마음을 쓰신다는 것이다. 어른으로서 조의 위안은 훨씬 더 깊은 진실을 드러낸다. 곧 하느님은 모든 이의 고통에 마음을 쓰시며, 복수가 아니라 사랑을 통하여 고통을 치유하신다는 것이다.

우리가 처음 앤 윌슨 샤프가 하는 말을 들었을 때 앤은 이런 예를 들었다. 그리스도인들은 그들을 위협하는 어떤 말을 들으면 조가 처음에 그랬듯이 손가락질을 하면서, "이단이다!"라고 소리친다. 그러나 치유 과정 중에 있는 사람들은 그들을 위협하는 어떤 말을 들으면 "내가 들은 이 말이 내 삶의 어떤 상처나 욕구를 건드리는 걸까?"라고 물어보는 경향이 있다. 이렇게 할 수 있는 것은 회복 중인 사람들이 대개 다른 사람을 탓하는 대신에 그들 자신의 반응에 대하여 숙고하는 법을 배웠기 때문이다.

조의 이야기에서처럼 성찰은 겉으로는 확실하게 의견 충돌로 보이는 것이 사실은 치유되지 않은 상처라는 것을 알아차릴 수 있도록 도와주는 방법이다. 이런 방법을 통하여 다툼이 있을 수 있는 상황이 연민이 가득한 사랑을 주고받을 수 있는 기회로 변화할 수 있다.

- 마치 항상 더 많은 사랑을 주고받는 것이 하느님의 뜻인 것처럼 말하는데, 그것이 사실인지 내가 어떻게 아는가? 나는 매일같이 내게서 활기를 앗아 가는 상황에 처하고, 사랑을 줄 수도 받을 수도 없을 것 같은 상황에 처한다.*10

하느님의 뜻은 우리가 예수님처럼 되는 것이고, 예수

님께는 사랑이 규범이다. 예수님은 어떻게 조건 없는 사랑을 주고받을 수 있는지 우리에게 가르쳐 주기 위하여 오셨다 (마태 22,34-40; 요한 13,34). 하느님께서는 우리가 영적·정서적·신체적으로 건강하기 위해서는 사랑을 필요로 하도록 우리를 창조하셨다. 예를 들면, 어떤 사람에게 사랑을 주거나 받았던 때에 대해 생각만 하는 것으로도 우리의 면역 체계는 감기를 물리칠 만큼 충분히 강해진다.

사실 때로 우리는 첫 느낌으로는 사랑을 주고받을 수 있을지 분명하게 알 수 없는 상황에 처할 수도 있다. 예를 들면, 데니스와 쉴라 두 사람에게는 알코올 중독자인 친구가 두 명 있다. 그들이 우리와 함께 있는 자리에서 술을 마시면 우리는 그들과 사랑을 주고받는 것이 매우 어렵다는 것을 알았다. 우리는 개입을 시도하는 등 상황을 변화시키기 위하여 우리가 할 수 있는 것을 했다. 어떤 것도 효과가 없었고, 마침내 우리는 그 친구들에게 그들이 술을 마시고 있을 때는 함께할 수 없다고 말했다. 그 상황에서는 우리가 사랑을 주고받을 수 없다는 것을 깨달았기 때문이다.

십자가의 예수님처럼 우리에게서 생명을 앗아 가는 상

황, 처음에는 사랑을 주고받는 것이 어려운 상황에 처할 수 있다. 그러한 상황이 결국에는 우리를 강하게 만들어 더 많은 사랑을 주고받을 수 있게 된다고 느낀다면 우리는 아마도 그런 상황을 견디도록 소명을 받은 것이다. 하지만 어떤 상황이 지속적으로 우리에게서 생명과 사랑을 빼앗아 가는 메마름의 원천이라면 우리가 느끼는 메마름이 우리를 그 상황에서 떠나도록 안내하는 것이 아닌지 경청할 필요가 있다. 또한 그 상황을 떠날 수 없다면 변화시킬 방법이나 그 상황 속에서 스스로를 보호할 방법을 생각해 볼 필요가 있다.

- 이 성찰 과정은 모든 사람을 위한 것인가? 아니면 도움을 받기 위해 정서적으로 성숙한 사람이어야 하는가?*11

앞에서 이야기한 것처럼 어린아이들도 성찰할 수 있다. 그러나 각 발달 단계에 맞게 성찰을 한다. 어떤 발달 단계에서는 위안을 준 것이 다음 단계에서는 그렇지 않을 수도 있다. 발달 단계 초기에 내렸던 결정을 돌아볼 때 현재라면 절대로 그와 같은 결정을 하지 않을 것을 안다. 그러나 현재의 발달 단계에서 경험한 것에 충실함으로써만 다음 단계로 성장하게 된다.

에릭 에릭슨은 심리 사회적 발달 단계를 세 가지로 설명하는데, 그것은 자율성과 놀이와 생산성이다. 자율성 단계에 있는 만 2세 아이는 자기 장난감을 차지하는 것에서 위안을 느낀다. 놀이 단계에 있는 만 5세 아이는 그 장난감을 다른 아이들과 나누는 데서 위안을 느낀다. 생산성 단계에 있는 어른은 자녀에게 장난감을 사 줄 돈을 벌기 위하여 열심히 일하는 데서 위안을 느낀다. 2세 아이가 "내 거야!"라고 말할 수 있도록 충분히 허용되지 못한 채 억지로 장난감을 타인과 공유하거나 타인에게 내어 주도록 강요받는다면 그 아이는 공유하는 놀이 단계나 생산적인 성인기로 성장할 때 어려움을 겪게 된다.

이 책을 읽는 많은 사람들이 만성적으로 2세 또는 5세에 머물러 있지 않을까 생각한다. 우리 중 많은 사람들이 충족되지 않은 아동기 욕구를 가지고 성인기로 이동했고, 그러한 욕구는 성숙하고 배려하는 어른이 될 수 있는 가능성을 위태롭게 만든다. 사실 우리 자신의 욕구를 희생하면서 다른 사람들을 돌보려는 것은 상호 의존증을 정의하는 내용 중 하나이다. 각 발달 단계에서 충족되어야 할 욕구가 충족되면 자연스럽게 다음 단계로 이동한다. 위안과 메마름의 움직임들이 욕구를 드러내 주기 때문에 성찰을 통하여 현재의 발달 단계에 있는 자신을 돌볼 수 있게 되고, 그렇게 함으로써 다음 단계로 넘어가는 기반을 마련하게 되며, 궁극적으로는 성숙한 성인기로 이동할 수 있게 된다.

성인기에도 성찰은 성장을 위하여 특별한 도움이 되는 도구가 될 수 있다. 에릭슨에 따르면 성인기로 가는 전환 단계는 대략 만 12세에서 18세까지인 사춘기이며, 이때의 발달 과제는 정체성이다. 무엇이 위안과 메마름을 가져오는지에 대한 성찰 질문은 청소년들에게 '나는 누구인가?'를 발견하도록 돕는 기본적인 질문이다.

만 18세에서 35세까지인 초기 성인 단계의 과제는 친밀감이며, 성찰은 우리로 하여금 사람들과 사랑을 주고받는 경험에 대하여 숙고하도록 도와준다. 나아가 성찰을 타인과 공유할 때 우리는 상대방을 이해하는 법을 배우고, 무엇이 그들에게 위안과 메마름을 가져다주는지에

민감해지면서 친밀감이 자라게 된다.

만 35세에서 65세까지에 이르는 중년기의 과제는 생명을 증진시키는 것과 같은 생산성이다. 중년기의 사람들은 보통 다른 사람에게 관심을 가지고 그들을 돌보기 위하여, 그리고 다른 사람들을 돌보는 것과 자신을 돌보는 것 사이에 균형을 이루는 최선의 방법을 찾기 위하여 애를 쓴다. 성찰은 우리에게서 생명을 앗아가기보다는 생명을 부여하는 방식의 돌봄을 할 수 있도록 도와준다.

삶의 마지막 단계인 노년기의 과제는 통합이다. 통합은 삶 전반에 스며들어 있는 의미를 이해함으로써 자신의 삶에 대하여 관대하게 '네'라고 말할 수 있음을 의미한다. 무엇에 대해 감사하는지를 깨닫게 해 주는 성찰을 매일 하는 것은 노년기에 감사할 수 있는 근본적인 태도를 지니기 위하여 가장 훌륭한 준비이다.

우리가 어느 단계에 있는지 알아내는 것도, 자신을 다음 단계로 넘어가게 하려고 애쓰는 것도 그리 중요하지 않다. 우리는 삶의 전 과정을 통하여 에릭슨이 제시한 발달의 8단계가 단계별로 가진 여러 과제들 사이를 왔다 갔다 할 것이다. 매일 무엇이 우리에게 생명을 주는지 발견하고 그것을 더 많이 실천한다면 우리는 어떤 발달 단계 과제를 직면하고 있는지 잘 해결할 수 있을 것이다. 우리의 위안과 메마름을 경청하는 것만으로도 자연스럽게 다음 발달 단계 과제로 넘어갈 것이다.

- 하느님께서 위안과 메마름을 통하여 성스러운 사람들, 기도를 많이 하는 사람들에게 어떻게 말씀하시는지는 이해하겠다. 그러나 나는 초보자이고 이런 나에게 하느님께서 말씀하신다고 믿기가 어렵다.

성찰은 하느님의 음성을 듣게 한다. 그 음성은 모든 사람 안에 있다. 포도주와 여자와 노래를 좋아하는 군인이었던 이냐시오 성인은 전장에서 포탄으로 다리에 부상을 입고 회복하던 중에 성찰이라는 것을 알게 되었다. 그는 고통과 지루함에서 벗어나기 위하여 책을 읽기 시작했는데 그의 성에는 단 두 권의 책밖에 없었다. 하나는 그리스도의 삶에 대한 것이었고, 다른 하나는 성인들의 삶에 대한 것이었다. 그런가 하면 그는 왕의 궁정에서 포도주와 사랑과 노래를 즐기는 몽상에 빠져 살기도 했다. 그의 초기 성찰 경험은 다음과 같이 묘사된다.

> 그는 세상사를 공상할 때 기쁨을 느꼈지만, 얼마 지나지 않아 곧 싫증을 냈다. 그런 생각들을 떨치고 나면 그는 메마르고 만족스럽지 못한 기분을 느꼈다. 그러나 맨발로 예루살렘에 가는 일과 초근목피로 연명하는 일, 성인들을 따라 고행한다는 생각이 들 때는 위안을 받았다. 그런 생각을 하고 있는 동안뿐 아니라 그런 생각을 하지 않을 때에도 활기차고 만족스러운 기분을 느꼈다. 그러나 그는 이것에 주의를 기울이지 않았고 잠시 멈추어서 그 차이점을 따져 보지도 않았다. 그러다가 어느 날 그의 눈이 조금 열리면서 어떤 생각은 자신을 슬프게 하고, 또 어떤 생각은 자신을 활기차게 만든다는 것을 체험을 통하여 알게 되면서 그 차이점에 대해 놀랐고, 그것에 대하여 곰곰이 따져 보기 시작했다. 이와 같이 그는 서서히 자기를 움직이는 두 가지 정신의 차이를 깨닫기에 이르렀다.*12

이러한 성찰은 이냐시오가 방탕한 생활을 접고 맨발로 예루살렘으로 떠나게 될 만큼 많은 변화를 가져왔다. 성찰이 그의 회심과 지속적인 성장의 핵심이었기 때문에 그는 초보자까지 포함하여 모든 사람에게 성찰에 대하여 가르쳤다.

이냐시오가 그랬던 것처럼 하느님의 음성을 듣기 위한 기준은 '거룩함'이 아니라 깨닫고자 하는 자발적인 열성이다. 이냐시오에게 돌파구는 그 자신의 위안과 메마름에 대한 무지에서 깨달음으로, 곧 "멈추어 그 차이점을 따져 보지도 않았다."에서 "그러다가 어느 날 그의 눈이 조금 열리면서 그런 차이점에 대하여 놀랐고, 그것에 대해 곰곰이 따져 보기 시작했다."로 이동한 때였다. 피정 중에 예수회 앤소니 드 멜로 신부는, 누구나 깨달음의 상태에서는 죄를 지을 수 없다고 말했다. 이는 하느님께서 항상 우리 안에서 말씀하시고, 우리가 보다 더 많이 깨닫도록 그분의 음성을 들을 기회가 점점 많아진다는 의미로 이해할 수 있다. 여기서 깨달음이란 정신적인 인지뿐만 아니라 이냐시오의 경우처럼 우리가 느낀 것을 정말로 받아들일 수 있는 정서적인 '깨달음'intouchness을 의미한다. 우리는 성찰을 통하여 하느님의 음성을 들을 수 있다. 위안과 메마름에 주의를 기울이면서 깨달음을 얻기 때문이다.

- 이 책에서 언급되지 않은 많은 어려움을 만나게 되면 어떻게 하는가?

그런 어려움을 많이 만나게 될 것이다. 그리고 모든 답을 이 책에서만 찾으려고 할 필요가 없다. 답은 우리 안에 있다. 어려움이 무엇이든 우리는 그것에 대하여 성찰할 수 있다. 자신의 위안과 메마름이 지혜를 품고 있는 것이다. 우리는 매일 그 지혜를 나누어 받을 기회를 마련하기만 하면 된다.

주註

*7 초점 맞추기Focusing는 원래 시카고 대학교의 유진 젠들린(Eugene Gendlin, Focusing, New York: Bantam, 1978)이 개발한 것이다. 우리는 초점 맞추기와 그리스도교 영성을 통합시킨 피터 캠벨Peter Campbell과 에드윈 맥마흔Edwin McMahon에게서 초점 맞추기에 대하여 배웠다. 초점 맞추기에 대한 간단명료한 설명이 피터 캠벨의 책에 나와 있다('Focusing: Doorway to the Body-Life of Spirit', *Creation Spirituality*, May/June, 1991, 24, 26, 27, 50, 52).

*8 Murray J. Elwood, "Newman's 'Kindly Light' Still Brightly Shines", *NCR*, June 1, 1990, 11.

*9 Anne Wilson Schaef, "My Journey to Understanding Addictions", presentation at conference on "Recovering Intimacy", Rutland, Vermont, June 24-28, 1990.

*10 하버드 의과 대학의 데이비드 맥클랜드는 사랑을 주

고받던 때를 회상하는 것이 어떻게 면역 체계를 강화할 수 있는지에 관하여 연구하였다(「치료하는 기도」, 래리 도시, 차혜경 역, 바람, 2008 참고).

*11 에릭슨의 발달의 8단계와 각 단계의 필수 과제에 대한 더 자세한 내용은 「내 삶을 변화시키는 치유의 8단계」(마태오 린 외 공저, 김종오 역, 생활성서사, 2003)를 보라.

*12 William J. Young, S.J. (trans.), *St. Ignatius' Own Story* (Chicago: Loyola University Press, 1980), 10.

이 책에 대한 성찰

• • •

해마다 우리는 많은 책을 읽지만 그 중에 단 몇 권만이 도움이 된다. 가장 많은 도움을 받은 책은 우리를 움직여서, '나는 이 책의 어떤 부분을 내 삶에 적용하고 싶은가?'라는 질문을 하게 한 책들이다.

아마도 지금쯤은 알아차렸겠지만 무엇에 대해서나 성찰을 할 수 있다. 심지어 이 책을 읽은 것에 대해서도…. 이 책을 다 읽고 성찰 과정을 진행한 후에 다음과 같이 자문할 수 있다. 성찰의 어떤 면이 나에게 생명을 주었는가? 그리고 생명을 주지 않는 면은 무엇인가? 이 질문들에 대한 답을 염두에 두고 자신만의 성찰 방법을 만들고 싶을 수도 있다. 이렇게 성찰하고 나면 빵을 안고 자는 사람이 된다. 이렇듯 누구나 빵을 안고 잘 수 있다!

MEMO

MEMO